CODE

DE POLICE,

MUNICIPALE,
CORRECTIONNELLE,
DE SÛRETÉ ORDINAIRE,
DE SÛRETÉ GÉNÉRALE,
ET
RÉVOLUTIONNAIRE,

CODE

DE POLICE,

MUNICIPALE,
CORRECTIONNELLE,
DE SURETÉ ORDINAIRE,
DE SURETÉ GÉNÉRALE,

ET

RÉVOLUTIONNAIRE,

Décret relatif aux droits de propriété des auteurs sur leurs ouvrages.

Du 19 Juillet 1793, (v. st.)

Art. I. Les auteurs d'écrits en tout genre, les compositeurs de musique, les peintres et dessinateurs qui feront graver des tableaux ou desseins, jouiront, durant leur vie entière, du droit exclusif de vendre, faire vendre et distribuer leurs ouvrages dans le territoire de la république; et d'en céder la propriété en tout ou en partie.

II. Leurs héritiers ou cessionnaires jouiront du même droit, durant l'espace de dix ans après la mort des auteurs.

III. Les officiers-de-paix seront tenus de faire confisquer, à la réquisition et au profit des auteurs, compositeurs, peintres ou dessinateurs et autres, leurs héritiers ou cessionnaires, tous les exemplaires des éditions imprimées ou gravées sans la permission formelle et par écrit des auteurs.

IV. Tout contrefacteur sera tenu de payer au véritable propriétaire une somme équivalente au prix de trois mille exemplaires de l'édition originale.

V. Tout débitant d'édition contrefaite, s'il n'est pas reconnu contrefacteur, sera tenu de payer au véritable propriétaire une somme équivalente au prix de cinq cents exemplaires de l'édition originale.

VI. Tout citoyen qui mettra au jour un ouvrage, soit de littérature, soit de gravure, dans quelque genre que ce soit, sera obligé d'en déposer deux exemplaires à la bibliothèque nationale ou au cabinet des estampes de la république, dont il recevra un reçu signé par le bibliothécaire, faute de quoi il ne pourra être admis en justice pour la poursuite des contrefacteurs.

VII. Les héritiers de l'auteur d'un ouvrage de littérature ou de gravure ou de toute autre production de l'esprit ou de génie qui appartient aux beaux arts, en auront la propriété exclusive pendant dix années.

CODE
DE POLICE,

DEUXIÈME EDITION.

CONTENANT

TOMES I ET II, tous les décrets des Assemblées constituante, législative, et conventionnelle, sur toutes les parties de la Police,

ET

TOMES III ET IIII, *des instructions et formules sur chaque espèce de Police.*

PAR le cit. GUICHARD.

Prix 13 liv., et 15 liv. franc de port.

TOME PREMIER.

A PARIS,

Chez GARNERY, Libraire, rue Serpente, Nº. 17.

Troisième année républicaine.

TABLE CHRONOLOGIQUE,

Des Décrets contenus dans les deux premiers volumes du Code de Police.

PREMIER VOLUME.

DEUXIÈME VOLUME.

a v

a vj

TABLE ALPHABÉTIQUE

Des matières des deux premiers volumes
du Code de Police.

A.

des sommes pour exempter de l'arrestation, 265. Leur incompétance relativement aux subsistances, 313. Leur réduction et réorganisation, 336.

COMITÉ DE SURETÉ - GÉNÉRALE *de la convention*; autorisé à statuer sur toutes les arrestations faites par les comités révolutionnaires, 2ᵉ vol., 14, 48. La réorganisation et détermination de ses pouvoirs, 333. Chargé de s'occuper particulièrement des arrestations des pères des défenseurs de la patrie, des agriculteurs, artisans et marchands, 374. Autorisé à reviser toutes les détentions prononcées par des tribunaux, depuis le 10 thermidor.

COMMISSAIRES DE POLICE. Comment dresseront eurs procès-verbaux, 16. Quels sont ceux que les corps municipaux pourront établir, 17. Quand peuvent entrer dans l'intérieur des maisons, 14. Leur costume, lorsqu'ils sont en fonctions, 35. Obéissance qui leur est due, *ibid.*

— *commissaires délégués par les municipalités.* Défenses aux municipalités d'en envoyer hors de leur territoire, 173, 175.

CONFISCATIONS, prononcées par la police municipale, dispositions y relatives, 34. Celles prononcées par la police correctionnelle, 65. Pour accaparemens, 242; 2ᵉ vol., 191.

défaut

G.

b iij

N.

T.

FIN DE LA TABLE ALPHABÉTIQUE.

CODE DE POLICE.

LIVRE PREMIER.

ASSEMBLÉE CONSTITUANTE.

EXTRAIT du Décret général sur l'organisation judiciaire.

Du 16 août 1790, — le 24.

TITRE XI.

Des Juges en matière de Police.

ARTICLE PREMIER.

LES corps municipaux veilleront & tiendront la main, dans l'étendue de chaque municipalité, à l'exécution des lois & des réglemens de police, & connaîtront du contentieux auquel cette exécution pourra donner lieu.

II.

Le Procureur de la commune poursuivra d'office les contraventions aux

Tome I. Iere. *Partie.* A

lois & aux réglemens de police ; & cependant chaque citoyen qui en ressentira un tort ou un danger personnel, pourra intenter l'action en son nom.

III.

Les objets de police confiés à la vigilance et à l'autorité des corps municipaux, sont :

1º. Tout ce qui intéresse la sûreté et la commodité du passage dans les rues, quais, places et voies publiques; ce qui comprend le nettoiement, l'illumination, l'enlèvement des encombremens, la démolition ou la réparation des bâtimens menaçant ruine, l'interdiction de rien exposer aux fenêtres ou autres parties des bâtimens, qui puisse nuire par sa chûte, et celle de rien jeter qui puisse blesser ou endommager les passans, ou causer des exhalaisons nuisibles;

2º. Le soin de réprimer ou de punir

les délits contre la tranquillité publique, tels que les rixes et disputes accompagnées d'ameutemens dans les rues, le tumulte excité dans les lieux d'assemblées publiques, les bruits et attroupemens nocturnes qui troublent le repos des citoyens ;

3°. Le maintien du bon ordre dans les endroits où il se fait de grands rassemblemens d'hommes, tels que les foires, marchés, réjouissances et cérémonies publiques, spectacles, jeux, cafés, églises, et autres lieux publics;

4°. L'inspection sur la fidélité du débit des denrées qui se vendent au poids, à l'aune, ou à la mesure, et sur la salubrité des comestibles exposés en vente publique ;

5°. Le soin de prévenir, par les précautions convenables, et celui de faire cesser, par la distribution de secours nécessaires, les accidens et fléaux calamiteux, tels que les incendies, les épidémies, les épizooties, en provoquant aussi dans ces deux derniers cas l'autorité des administrations de département et de district ;

6°. Le soin d'obvier ou de remédier aux événemens fâcheux qui pourraient être occasionnés par les insensés ou les furieux laissés en liberté, et par la divagation des animaux malfaisans ou féroces.

I V.

Les spectacles publics ne pourront être permis et autorisés que par les officiers municipaux. Ceux des entrepreneurs et directeurs actuels qui ont obtenu des autorisations, soit des gouverneurs des anciennes provinces, soit de toute autre manière, se pourvoiront devant les officiers municipaux, qui confirmeront leur jouissance pour le tems qui en reste à courir, à charge d'une redevance envers les pauvres (1).

***

(1) Le 13 janvier 1791, l'Assemblée Na-

V.

Les contraventions à la police ne pourront être punies que de l'une de

---

tionale a rendu un nouveau décret fur les spectacles & théâtres, dont le premier article porte :
« Tout citoyen pourra élever un théâtre public, & y faire représenter des pièces de tous les genres, en faisant, préalablement à l'établissement de son théâtre, fa déclaration à la municipalité des lieux ».

Dans la séance du 19 juillet 1791, Le Chapellier, au nom du comité de constitution, proposa à l'assemblée de décreter que la liberté accordée par l'article ci-dessus, à tout citoyen d'élever des théâtres, ne devait avoir lieu que dans des villes où il n'existait point antérieurement d'entreprise privilégiée pour les spectacles, attendu, suivant lui, qu'aux termes de l'article ci-dessus, les entrepreneurs ou directeurs devaient être confirmés dans leur jouissance pour le tems qui en restait à courir; mais l'assemblée a rejeté cette proposition, en déclarant qu'au contraire c'était le décret du 13 janvier 1791 qui devait être exécuté, comme contenant des dispositions générales et défini-

ces deux peines : ou de la condamnation à une amende pécuniaire, ou de

---

tives, au lieu que celui ci-dessus n'était que
provisoire.

Le même décret du 13 janvier, contient
encore les deux dispositions suivantes ; relativement à la police des spectacles:

Art. 6. Les entrepreneurs, ou les membres
des différens théâtres, seront, à raison de leur
état, sous l'inspection des municipalités ;
ils ne recevront des ordres que des officiers
municipaux, qui ne pourront pas arrêter ni
défendre la représentation d'aucune pièce, sauf
la responsabilité des auteurs & des comédiens,
& qui ne pourront rien enjoindre aux comédiens que conformément aux lois & réglemens de
police ; réglemens sur lesquels le comité de
constitution dressera incessamment un projet
d'instruction : provisoirement les anciens réglemens seront exécutés.

Art. 7. il n'y aura au spectacle qu'une garde
extérieure, dont les troupes de ligne ne seront
point chargées : si ce n'est dans le cas où les
officiers municipaux leur en feraient la réqui-

l'emprisonnement par forme de correction, pour un tems qui ne pourra excéder trois jours, dans les campagnes, et huit jours dans les villes, dans les cas les plus graves.

V I.

Les appels des jugemens en matière de police, seront portés au tribunal du district, et seront exécutés par provision, nonobstant l'appel, et sans y préjudicier.

V I I.

Les officiers municipaux sont spécialement chargés de dissiper les attrou-

---

sition formelle. Il y aura toujours un ou plusieurs officiers civils dans l'intérieur des salles, & la garde n'y pénétrera que dans le cas où la sûreté publique serait compromise, & sur la réquisition expresse de l'officier civil, lequel se conformera aux lois et réglemens de police. Tout citoyen sera tenu d'obéir provisoirement à l'officier civil ».

A 4

pemens ou émeutes populaires, conformément aux dispositions de la loi
martiale, et responsables de leur négligence dans cette partie de leur service.

DÉCRET concernant la Police muni-cipale et la Police correctionnelle.

Du 19 juillet 1791, — le 22.

L'ASSEMBLÉE NATIONALE, considérant que des décrets antérieurs ont
déterminé les bornes et l'exercice des
diverses fonctions publiques, et établi
les principes de police constitution-
nelle, destinés à maintenir cet ordre ;

Que le décret sur l'institution des
jurés a pareillement établi une police
de sûreté, qui a pour objet de s'assurer
de la personne de tous ceux qui seraient prévenus de crimes ou délits de
nature à mériter peine afflictive ou
infamante ;

Qu'il reste à fixer les règles, pré- mièrement, de la police municipale, qui a pour objet le maintien de l'ordre et de la tranquillité dans chaque lieu; secondement, de la police correction- nelle, qui a pour objet la répression des délits, qui sans mériter peine afflic- tive ou infamante, troublent la société et disposent au crime :

Décrète ce qui suit, après avoir en- tendu le rapport du comité de cons- titution.

TITRE PREMIER.

POLICE MUNICIPALE.

Dispositions générales d'ordre public.

ARTICLE PREMIER.

Dans les villes et dans les campa- gnes, les corps municipaux feront cons- tater l'état des habitans, soit par des officiers municipaux, soit par des com- missaires de police, s'il y en a, soit

A 5

par des citoyens commis à cet effet.
Chaque année, dans le courant des
mois de novembre et décembre, cet
état sera vérifié de nouveau, et on y
fera les changemens nécessaires. L'état
des habitans des campagnes sera re-
censé au chef-lieu du canton par des
commissaires que nommeront les officiers municipaux de chaque communauté particulière.

I I.

Le registre contiendra mention des
déclarations que chacun aura faites de
ses noms, âge, lieu de naissance, dernier domicile, profession, métier, et
autres moyens de subsistance. Le déclarant qui n'aurait à indiquer aucun
moyen de subsistance, désignera les citoyens domiciliés dans la municipalité
dont il sera connu, et qui pourront rendre bon témoignage de sa conduite.

I I I.

Ceux qui étant en état de travailler,

n'auront ni moyen de subsistance, ni métier, ni répondans, seront inscrits avec la note de gens *sans aveu.*

Ceux qui refuseront toute déclaration, seront inscrits, sous leur signalement et demeure, avec la note de gens *suspects.*

Ceux qui seront convaincus d'avoir fait de fausses déclarations, seront inscrits avec la note de gens *mal-intentionnés.*

Il sera donné communication de ces registres aux officiers et sous-officiers de la gendarmerie nationale, dans le cours de leurs tournées.

I V.

Ceux des trois classes qui viennent d'être énoncées, s'ils prennent part à une rixe, un attroupement séditieux, un acte de voie-de-fait ou de violence, seront soumis, dès la première fois, aux peines de la police correction-

A 6

nelle, comme il sera dit ci-après.

V.

Dans les villes et dans les campagnes, les aubergistes, maîtres d'hôtels garnis et logeurs, seront tenus d'inscrire, de suite et sans aucun blanc, sur un registre en papier timbré et paraphé par un officier municipal ou un commissaire de police, les noms, qualités, domicile habituel, date d'entrée et de sortie de tous ceux qui coucheront chez eux, même une seule nuit, de représenter ce registre tous les quinze jours, et en outre toutes les fois qu'ils en seront requis, soit aux officiers municipaux, soit aux officiers de police, ou aux citoyens commis par la municipalité.

V I.

Faute de se conformer aux dispositions du précédent article, ils seront condamnés à une amende du quart de leur droit de patente, sans que cette amende puisse être au-dessous de trois livres, et ils demeureront civilement responsables des désordres et délits commis par ceux qui logeront dans leurs maisons.

V I I.

Les jeux de hasard où l'on admet, soit le public, soit des affiliés, sont défendus, sous les peines qui seront désignées ci-après.

Les propriétaires ou principaux locataires des maisons et appartemens où le public serait admis à jouer des jeux de hasard, seront, s'ils demeurent dans ces maisons, et s'ils n'ont pas averti la police, condamnés, pour la première fois, à 300 livres, et pour la seconde, à 1000 livres d'amende, solidairement avec ceux qui occuperont les appartemens employés à cet usage.

Règles à suivre par les officiers muni-
cipaux ou les citoyens commis par la
municipalité pour constater les contra-
ventions de police.

V I I I.

Nul officier municipal, commissaire
ou officier de police municipale, ne
pourra entrer dans les maisons des citoyens, si ce n'est pour la confection
des états ordonnés par les articles 1,
2 et 3, et la vérification des registres
des logeurs, pour l'exécution des lois
sur les contributions directes, ou en
vertu des ordonnances, contraintes et
jugemens dont ils seront porteurs, ou
enfin sur le cri des citoyens, invo-
quant, de l'intérieur d'une maison,
le secours de la force publique.

I X.

A l'égard des lieux où tout le monde
est admis indistinctement, tels que les

cafés, cabarets, boutiques et autres, les officiers de police pourront toujours y entrer, soit pour prendre connaissance des désordres ou contraventions aux réglemens, soit pour vérifier les poids et mesures, le titres des matières d'or ou d'argent, la salubrité des comestibles et médicamens.

X.

Ils pourront aussi entrer, en tout tems, dans les maisons où l'on donne habituellement à jouer des jeux de hasard, mais seulement sur la désignation qui leur en aurait été donnée par deux citoyens domiciliés.

Ils pourront également entrer, en tout tems, dans les lieux livrés notoirement à la débauche.

X I.

Hors les cas mentionnés aux articles 8, 9 et 10, les officiers de police, qui, sans autorisation spéciale de justice ou de la police de sûreté, feront des visites ou recherches dans les maisons des citoyens, seront condamnés par le tribunal de police, et en cas d'appel, par celui de district, à des dommages et intérêts qui ne pourront être au-dessous de 100 livres, sans préjudice des peines prononcées par la loi dans les cas de voie-de-fait, de violence et autres délits.

X I I.

Les commissaires de police, dans les lieux où il y en a, les appariteurs et autres agens de police assermentés, dresseront dans leurs visites et tournées, procès-verbal des contraventions, en présence de deux des plus proches voisins, qui apposeront leur signature, et des experts en chaque partie d'art, lorsque la municipalité, soit par voie d'administration, soit comme tribunal de police, aura jugé à propos d'en indiquer.

X I I I.

La municipalité, soit par voie d'administration, soit comme tribunal de police , pourra dans les lieux où la loi n'y aura pas pourvu, commettre à l'inspection du titre des matières d'or ou d'argent, à celle de la salubrité des comestibles et médicamens, un nombre suffisant de gens de l'art , lesquels , après avoir prêté serment , rempliront, à cet égard seulement , les fonctions de commissaires de police.

Délits de police municipale , et peines qui seront prononcées.

X I V.

Ceux qui voudront former des sociétés ou clubs, seront tenus, à peine de 200 livres d'amende, de faire préalablement, au greffe de la municipalité, la déclaration des lieux et jours de leur réunion ; et, en cas de récidive,

ils seront condamnés à 500 livres d'a-
mende.

L'amende sera poursuivie contre les
présidens, secrétaires ou commissaires
de ces clubs ou sociétés.

X V.

Ceux qui négligeront d'éclairer et
de nettoyer les rues devant leurs maisons, dans les lieux où ce soin est laissé
à la charge des citoyens ;

Ceux qui embarrasseront ou dégra-
deront les voies publiques ;

Ceux qui contreviendront à la défense de rien exposer sur les fenêtres
ou au-devant de leur maison sur la
voie publique, de rien jeter qui puisse
nuire ou endommager par sa chûte,
ou causer des exhalaisons nuisibles ;

Ceux qui laisseront divaguer des insensés ou furieux, ou des animaux mal-
faisans ou féroces ;

Seront, indépendamment des réparations et indemnités envers les parties lésées, condamnés à une amende qui ne pourra être au-dessous de 40 sous, ni excéder 50 livres, et, si le fait est grave, à la détention de police municipale.

La peine sera double en cas de récidive.

XVI.

Ceux qui, par imprudence ou par la rapidité de leurs chevaux, auront blessé quelqu'un dans les rues ou voies publiques, seront, indépendamment des indemnités, condamnés à huit jours de détention et à une amende égale à la totalité de leur contribution mobiliaire, sans que l'amende puisse être au-dessous de 300 livres. S'il y a eu fractures de membres, ou si, d'après les certificats des gens de l'art, la blessure est telle qu'elle ne puisse se guérir en moins de quinze jours, les délinquans

seront renvoyés à la police correctionnelle.

XVII.

Le refus des secours et services requis par la police en cas d'incendie,
ou autres fléaux calamiteux, sera puni
par un amende du quart de la contribution mobiliaire, sans que l'amende
puisse être au-dessous de 3 livres.

XVIII.

Le refus ou la négligence d'exécuter
les réglemens de voierie, ou d'obéir
à la sommation de réparer ou démo-
lir les édifices menaçant ruine sur la
voie publique, seront, outre les frais
de la démolition ou de la réparation
de ces édifices, punis d'une amende de
la moitié de la contribution mobiliaire,
laquelle amende ne pourra être au-dessous de 6 livres.

XIX.

En cas de rixes ou dispute avec ameu-
tement du peuple ;

En cas de voies de fait ou violences légères dans les assemblées et lieux publics, en cas de bruits et attroupemens nocturnes ;

Ceux des trois premieres classes mentionnées en l'article 3, seront, dès la premiere fois, punis ainsi qu'il sera dit au titre de la police correctionnelle.

Les autres seront condamnés à une amende du tiers de leur contribution mobiliaire, laquelle ne sera pas au-dessous de 12 livres, et pourront l'être, selon la gravité du cas, à une détention de trois jours dans les campagnes, et de huit jours dans les villes.

Tous ceux qui, après une premiere condamnation prononcée par la police municipale, se rendraient encore coupables de l'un des délits ci-dessus, seront renvoyés à la police correctionnelle.

X X.

En cas d'exposition en vente de co-

mestibles gâtés, corrompus ou nuisibles,
ils seront confisqués et détruits, et le
délinquant condamné à une amende
du tiers de sa contribution mobiliaire,
laquelle amende ne pourra être au-dessous de 3 livres.

X X I.

En cas de vente de médicamens gâtés, le délinquant sera renvoyé à la
police correctionnelle, et puni de 100
livres d'amende, et d'un emprisonnement qui ne pourra excéder six mois.

La vente des boissons falsifiées sera
punie ainsi qu'il sera dit au titre de
la police correctionnelle.

X X I I.

En cas d'infidélité des poids et mesures dans la vente des denrées ou autres objets qui se débitent à la mesure, au poids ou à l'aune, les faux
poids et fausses mesures seront confisqués et brisés, et l'amende sera,

pour la premiere fois, de 100 livres au moins, et de la quotité du droit de patentes du vendeur, si ce droit est de plus de 100 livres.

XXIII.

Les délinquans, aux termes de l'article précédent, seront en outre condamnés à la détention de police municipale ; et en cas de récidive, les prévenus seront renvoyés à la police correctionnelle.

XXIV.

Les vendeurs convaincus d'avoir trompé, soit sur le titre des matières d'or ou d'argent, soit sur la qualité d'une pierre fausse vendue pour fine, seront renvoyés à la police correctionnelle.

XXV.

Quant à ceux qui seraient prévenus d'avoir fabriqué, fait fabriquer ou employé de faux poinçons, marqué ou fait marquer des matières d'or ou d'argent au-dessous du titre annoncé par la marque, ils seront, dès la première fois, renvoyés par un mandat d'arrêt du juge-de-paix, devant le juré d'accusation, pour être jugés, s'il y a lieu, selon la forme établie pour l'instruction criminelle; et, s'ils sont convaincus, punis des peines établies dans le code pénal.

X X V I.

Ceux qui ne paieront pas, dans les trois jours à dater de la signification du jugement, l'amende prononcée contre eux, y seront contraints par les voies de droit : néanmoins la contrainte par corps ne pourra entraîner qu'une détention d'un mois à l'égard de ceux qui sont insolvables.

X X X I I.

En cas de récidive, toutes les amendes établies par le présent décret seront doubles,

doubles, et tous les jugemens seront affichés aux dépens des condamnés.

XXVIII.

Pourront être saisis et retenus jusqu'au jugement, tous ceux qui, par imprudence ou la rapidité de leurs chevaux, auront fait quelques blessures dans la rue ou voie publique, ainsi que ceux qui seraient prévenus des délits mentionnés aux articles 21 et 22. Ils seront contraignables par corps au paiement des dommages-intérêts , ainsi que des amendes.

Confirmation de divers règlemens et dispositions contre l'abus de la taxe des denrées.

XXIX.

Les règlemens actuellement existans sur le titre des matières d'or et d'argent, sur la vérification de la qualité des pierres fines ou fausses, sur la salubrité des comestibles et des médi-

Tome I Ire .Partie.   B

camens, sur les objets de serrurerie, continueront d'être exécutés jusqu'à ce qu'il en ait été autrement ordonné. Il en sera de même de ceux qui établissent des dispositions de sûreté, tant pour l'achat et la vente des matières d'or et d'argent, des drogues, médicamens et poisons, que pour la présentation, le dépôt et l'adjudication des effets précieux dans les Monts-de-Piété, Lombards ou autre maisons de ce genre.

Sont également confirmés provisoirement les règlemens qui subsistent touchant la voierie, ainsi que ceux actuellement existans à l'égard de la construction des bâtimens, et relatifs à la solidité et sûreté, sans que de la présente disposition il puisse résulter la conservation des attributions ci-devant faites sur cet objet à des tribunaux particuliers.

XXX.

La taxe des subsistances ne pourra provisoirement avoir lieu dans aucune ville ou commune, que sur le pain et la viande de boucherie, sans qu'il soit permis, en aucun cas, de l'étendre sur le vin, sur le blé, les autres grains, ni autre espèce de denrée; et ce, sous peine de destitution des officiers municipaux.

XXXI

Les réclamations élevées par les marchands relativement aux taxes, ne seront, en aucun cas, du ressort des tribunaux de district; elles seront portées devant le directoire de département qui prononcera sans appel; les réclamations des particuliers contre les marchands qui vendraient au-dessus de la taxe, seront portées et jugées au tribunal de police, sauf l'appel au tribunal de district.

B 2

Forme de procéder et règles à observer par le tribunal de police municipale.

XXXII.

Tous ceux qui, dans les villes et dans les campagnes, auront été arrêtés, seront conduits directement chez un juge-de-paix, lequel renverra pardevant le commissaire de police ou l'officier municipal chargé de l'administration de cette partie, lorsque l'affaire sera de la compétence de la police municipale.

XXXIII.

Tout juge-de-paix d'une ville, dans quelque quartier qu'il se trouve établi, sera compétent pour prononcer, soit la liberté des personnes amenées, soit le renvoi à la police municipale, soit le mandat d'amener, ou devant lui, ou devant un autre juge-de-paix, soit enfin le mandat d'arrêt, tant en matière de

police correctionnelle qu'en matière criminelle.

XXXIV.

Néanmoins, pour assurer le service
dans la ville de Paris, il sera déterminé
par la municipalité un lieu vers le cen-
tre de la ville, où se trouveront toujours
deux juges-de-paix, lesquels pourront
chacun donner séparément les ordonnances nécessaires. Les juges-de-paix
rempliront tour-à-tour ce service pendant vingt-quatre heures.

XXXV.

Les personnes prévenues de contraventions aux lois et réglemens de police, soit qu'il y ait eu un procès-verbal ou non, seront citées devant le tribunal par les appariteurs, ou par tous
autres huissiers, à la requête du procureur de la commune ou des particuliers
qui croiront avoir à se plaindre. Les
parties pourron tcomparaître volontai-

rement, ou sur un simple avertissement, sans qu'il soit besoin de citation.

X X X V I.

Les citations seront données à trois jours ou à l'audience la plus prochaine.

X X X V I I.

Les défauts seront signifiés par un huissier commis par le tribunal de police municipale; ils ne pourront être rabattus, qu'autant que la personne citée comparaîtra dans la huitaine après la signification du jugement, et demandera à être entendue sans délai : si elle ne comparaît pas, le jugement demeurera définitif, et ne pourra être attaqué que par la voie de l'appel.

X X X V I I I.

Les personnes citées comparaîtront par elles-mêmes ou par des fondés de procuration spéciale : il n'y aura point d'avoués aux tribunaux de police municipale.

XXXIX.

Les procès-verbaux, s'il y en a, seront lus; les témoins, s'il faut en appeler, seront entendus ; la défense sera proposée; les conclusions seront données par le procureur de la commune ou son substitut; le jugement préparatoire ou définitif sera rendu, avec expression des motifs, dans la même audience, ou au plus tard dans la suivante.

X L.

L'appel des jugemens ne sera pas reçu, s'il est interjeté après huit jours depuis la signification des jugemens à la partie condamnée.

X L I.

La forme de procéder sur l'appel en matière de police, sera la même qu'en première instance.

X L I I.

Le tribunal de police sera composé de trois membres que les officiers municipaux choisiront parmi eux, de cinq dans les villes où il y a soixante mille ames ou davantage, de neuf à Paris.

X L I I I.

Aucun jugement ne pourra être rendu que par trois juges, et sur les conclusions du procureur de la commune ou de son substitut.

X L I V.

Le nombre des audiences sera réglé d'après le nombre des affaires, qui seront toutes terminées au plus tard dans la quinzaine.

X L V.

Extrait des jugemens rendus par la police municipale sera déposé soit dans un lieu central, soit au greffe dn tribunal de police correctionnelle, dans tous les cas où le présent décret aura renvoyé à la police correctionnelle les délinquans en récidive.

X L V I.

Aucun tribunal de police municipale ni aucun corps municipal ne pourra faire de règlement. Le corps municipal néanmoins pourra, sous le nom et l'intitulé de *délibérations*, et sauf la réformation, s'il y a lieu, par l'administration du département, sur l'avis de celle du district, faire des arrêtés sur les objets qui suivent :

1°. Lorsqu'il s'agira d'ordonner les précautions locales sur les objets confiés à sa vigilance et à son autorité, par les articles 3 et 4 du titre XI du décret sur l'organisation judiciaire.

2°. De publier de nouveau les lois et règlemens de police, ou de rappeler les citoyens à leur observation.

X L V I I.

Les objets confisqués resteront au greffe du tribunal de police, mais seront vendus au plus tard dans la quinzaine, au plus offrant et dernier enchérisseur, selon les formes ordinaires. Le prix de cette vente et les amendes, versés dans les mains du receveur du droit d'enregistrement, seront employés, sur les mandats du procureur-syndic du district, visés par le procureur-général-syndic du département, savoir : un quart aux menus frais du tribunal, un quart aux frais des bureaux-de-paix et de jurisprudence charitable, un quart aux dépenses de la municipalité, et un quart au soulagement des pauvres de la commune. Cet emploi sera justifié au directoire de district, qui en rendra comte au directoire de département, toutes les fois que l'ordonnera celui-ci.

XLVIII.

Les commissaires de police, dans les lieux où il y en a, porteront, dans l'exercice de leurs fonctions, un chaperon aux trois couleurs de la nation, placé sur l'épaule gauche. Les appariteurs chargés d'une exécution de police, présenteront, comme les autres huissiers, une baguette blanche, aux citoyens qu'ils sommeront d'obéir à la loi. Les dispositions du décret sur le respect dû aux juges et aux jugemens, s'appliqueront aux tribunaux de police municipale et correctionnelle, et à leurs officiers.

TITRE II.

POLICE CORRECTIONNELLE.

Dispositions générales sur les peines de la police correctionnelle et les maisons de correction.

ARTICLE PREMIER.

Les peines correctionnelles seront,

1°. l'amende; 2°. la confiscation, en certains cas, de la matière du délit; 3°. l'emprisonnement.

I I.

Il y aura des maisons de correction destinées; 1°. aux jeunes gens au-dessous de l'âge de 21 ans, qui devront y être renfermés, conformément aux articles 15, 16 et 17 du titre X du décret sur l'organisation judiciaire, 2°. aux personnes condamnées par voie de police correctionnelle.

I I I.

Si la maison de correction est dans le même local que la maison destinée aux personnes condamnées par jugement des tribunaux criminels, le quartier de la correction sera entièrement séparé.

I V.

Les jeunes gens détenus d'après l'arrêté des familles, seront séparés de ceux qui auront été condamnés par la police correctionnelle.

V.

Toute maison de correction sera maison de travail ; il sera établi par les conseils ou directoires de départemens, diverses genres de travaux communs ou particuliers, convenables aux personnes des deux sexes; les hommes et les femmes seront séparés.

V I.

La maison fournira le pain, l'eau et le coucher : sur le produit du travail du détenu, un tiers sera appliqué à la dépense commune de la maison.

Sur une partie des deux autres tiers, il lui sera permis de se procurer une nourriture meilleure et plus abondante.

Le surplus sera réservé pour lui être remis après que le temps de sa détention sera expiré.

Il lui sera également permis de se

procurer une nourriture meilleure et plus abondante sur sa fortune particulière, à moins que le jugement de condamnation n'en ait ordonné autrement.

Classification des délits, et peines qui se-
ront prononcées.

VII.

Les délits punissables par la voie de police correctionnelle seront:

1°. Les délits contre les bonnes mœurs.

2°. Les troubles apportés publiquement à l'exercice d'un culte religieux quelconque.

3°. Les insultes et les violences graves envers les personnes.

4°. Les troubles apportés à l'ordre social et à la tranquillité publique par la mendicité, par les tumultes, par les attroupemens ou autres délits.

5°. Les atteintes portées à la propriété des citoyens par dégâts, larcins ou simples vols, escroqueries, ouver-

tures de maisons de jeux où le public
est admis.

PREMIER GENRE DE DÉLIT.
VIII.

Ceux qui seraient prévenus d'avoir at-
tenté publiquement aux bonnes mœurs,
par outrage à la pudeur des femmes,
par actions déshonnêtes, par exposition
ou ventes d'images obscènes, d'avoir
favorisé la débauche, ou corrompu des
jeunes gens de l'un ou l'autre sexe, pourront être saisis sur-le-champ; et conduits devant le juge-de-paix, lequel
est autorisé à les faire retenir jusqu'à
la prochaine audience de la police correctionnelle.

IX.

Si le délit est prouvé, les coupables
seront condamnés, selon la gravité des
faits, à une amende de 50 à 500 livres,
et à un emprisonnement qui ne pourra
excéder six mois. S'il s'agit d'images

obscènes, les estampes et les planches seront en outre confisquées et brisées.

Quant aux personnes qui auraient favorisé la débauche ou corrompu des jeunes gens de l'un ou l'autre sexe, elles seront, outre l'amende, condamnées à une année de prison.

X.

Les peines portées en l'article précédent, seront doubles en cas de récidive.

DEUXIÈME GENRE DE DÉLIT.

X I.

Ceux qui auraient outragé les objets d'un culte quelconque, soit dans un lieu public, soit dans des lieux destinés à l'exercice de ce culte, ou ses ministres en fonctions, ou interrompu par un trouble public les cérémonies religieuses de quelque culte que ce soit, seront condamnés à une amende, qui ne

pourra excéder 500 livres, et à un emprisonnement qui ne pourra excéder
un an. L'amende sera toujours de 500
livres, et l'emprisonnement de deux
ans, en cas de récidive.

X I I.

Les auteurs de ces délits pourront
être saisis sur-le-champ, et conduits devant le juge-de-paix.

TROISIÈME GENRE DE DÉLIT.

X I I I.

Ceux qui hors le cas de légitime défense, et sans excuse suffisante, auraient
blessé ou même frappé des citoyens,
si le délit n'est pas de la nature de ceux
qui sont punis des peines portées au code
pénal, seront jugés par la police correctionnelle, et, en cas de conviction
condamnés, selon la gravité des faits,
à une amende qui ne pourra excéder
500 livres, et, s'il y a lieu, à un em-

prisonnement qui ne pourra excéder six mois.

X I V.

La peine sera plus forte si les violences ont été commises envers des femmes ou des personnes de 70 ans et au-dessus, ou des enfans de 16 ans et au-dessous, ou par des apprentis, compagnons ou domestiques à l'égard de leurs maîtres ; enfin, s'il y a eu effusion de sang, et en outre dans le cas de récidive ; mais elle ne pourra excéder 1,000 livres d'amende et une année d'emprisonnement.

X V.

En cas d'homicide dénoncé comme involontaire, ou reconnu tel par la déclaration du juré, s'il est la suite de l'imprudence ou de la négligence de son auteur, celui-ci sera condamné à une amende qui ne pourra excéder le double de sa contribution mobiliaire, et, s'il y a lieu, à un emprisonnement qui ne pourra excéder un an.

X V I.

Si quelqu'un ayant blessé un citoyen dans les rues ou voies publiques, par l'effet de son imprudence ou de sa négligence, soit par la rapidité de ses chevaux, soit de toute autre manière, il en est résulté fracture de membre, ou si, d'après le certificat des gens de l'art, la blessure est telle qu'elle exige un traitement de quinze jours, le délinquant sera condamné à une amende qui ne pourra excéder 500 livres, et à un emprisonnement qui ne pourra excéder six mois. Le maître sera civilement responsable des condamnations pécuniaires, prononcées contre le cocher ou conducteur des chevaux, ou ses autres domestiques.

X V I I.

Toutes les peines ci-dessus, seront

prononcées indépendamment des dommages et intérêts des parties.

XVIII.

Quant au simples injures verbales, si elles ne sont pas adressées à un fonctionnaire public en exercice de ses fonctions, elles seront jugées dans la forme établie en l'article 10 du titre III du décret sur l'organisation judiciaire.

XIX.

Les outrages ou menaces par paroles ou par gestes, faits aux fonctionnaires publics dans l'exercice de leurs fonctions, seront punis d'une amende qui ne pourra excéder dix fois la contribution mobiliaire, et d'un emprisonnement qui ne pourra excéder deux années.

La peine sera double en cas de récidive.

XX.

Les mêmes peines seront infligées à

ceux qui outrageraient ou menaceraient
par paroles ou par gestes, soit les gardes nationales, soit la gendarmerie nationale, soit les troupes de ligne, se
trouvant ou sous les armes, ou au corps-
de-garde, ou dans un poste de service,
sans préjudice des peines plus fortes,
s'il y a lieu, contre ceux qui les frap-
peraient, et sans préjudice également
de la défense et de la résistance
légitime, conformément aux lois militaires.

X X I.

· Les coupables des délits mentionnés
aux articles 12, 13, 14, 15, 16, 19 et
20 du présent décret, seront saisis sur-
le-champ, et conduits devant le juge-
de-paix.

QUATRIÈME GENRE DE DÉLIT.

X X I I.

Les mendians valides pourront être

saisis et conduits devant le juge de paix, pour être statué à leur égard, conformément aux lois sur la répression de la mendicité.

XXIII.

Les circonstances aggravantes seront :

1°. De mendier avec menaces et violences.

2°. De mendier avec armes.

3°. De s'introduire dans l'intérieur des maisons, ou de mendier la nuit.

4°. De mendier deux ou plusieurs ensemble.

5°. De mendier avec faux certificats de congé, infirmités supposées ou déguisement.

6°. De mendier après avoir été repris de justice.

7°. Et deux mois après la publication du présent décret, de mendier hors du canton de son domicile.

X X I V.

Les mendians contre lesquels il se réunira une ou plusieurs de ces circonstances aggravantes, pourront être condamnés à un emprisonnement qui n'excédera pas une année, et la peine sera double en cas de récidive.

X X V.

L'insubordination accompagnée de violences ou de menaces dans les ateliers publics ou ateliers de charité, sera punie d'un emprisonnement qui ne pourra excéder deux années.

La peine sera double en cas de récidive.

X X V I.

Les peines portées dans la loi sur les associations et attroupemens des ouvriers et gens du même état, seront prononcées par le tribunal de la police correctionnelle.

XXVII.

Tous ceux qui, dans l'adjudication de la propriété, ou de la location, soit des domaines nationaux, soit de tout autre domaine appartenant à des communautés ou à des particuliers, troubleraient la liberté des enchères, ou empêcheraient que les adjudications ne s'élevassent à leur véritable valeur, soit par offre d'argent ou par des conventions frauduleuses, soit par des violences ou voies de fait exercées avant ou pendant les enchères, seront punis d'une amende qui ne pourra excéder 500 l., et à un emprisonnement qui ne pourra excéder une année.

La peine sera double en cas de récidive.

XXVIII.

Les personnes comprises dans les trois classes mentionnées en l'article

3 du titre I, qui seront surprises dans un rixe, un attroupement ou un acte quelconque de simple violence, seront punies par un emprisonnement qui ne pourra excéder trois mois. En cas de récidive, la détention sera d'une année.

X X I X.

Les citoyens domiciliés qui, après avoir été réprimés une fois par la police municipale, pour rixes, tumultes, attroupemens nocturnes, ou désordres en assemblée publique, commettraient pour la deuxième fois le même genre de délit, seront condamnés par la police correctionnelle, à une amende qui ne pourra excéder 300 livres, et à un emprisonnement qui ne pourra excéder quatre mois.

X X X.

Ceux qui se rendraient coupables des délits mentionnés dans les six articles précédens, seront saisis sur-le-champ, et conduits devant le juge-de-paix.

Tome I. Partie Iere,   C

CINQUIÈME GENRE DE DÉLIT.

X X X I.

Tous dégâts commis dans les bois, toutes violations de clôtures de murs, haies et fossés, quoique non suivies de vol ; les larcins de fruits et de productions d'un terrain cultivé, autres que ceux mentionnés dans le code pénal, seront punis ainsi qu'il sera dit à l'égard de la police rurale.

X X X I I.

Les larcins, filouteries et simples vols qui n'appartiennent ni à la police rurale, ni au code pénal, seront, outre les restitutions, dommages et intérêts, punis d'un emprisonnement qui ne pourra excéder deux ans. La peine sera double en cas de récidive.

X X X I I I.

Le vol de deniers ou d'effets mobiliers appartenans à l'état, et dont la valeur sera au-dessous de 10 livres, sera puni d'une amen le du double de la valeur, et d'un empriso mement d'une année; la peine sera double en cas de récidive.

X X X I V.

Les coupables des délits mentionnés aux trois précédens articles, pourront être saisis sur-le-champ, et conduits devant le juge-de-paix.

X X X V.

Ceux qui, par dol ou à l'aide de faux noms ou de fausses entreprises, ou d'un crédit imaginaire, ou d'espérances et de craintes chimériques, auraient abusé de la crédulité de quelques personnes, et escroqué la totalité ou partie de leurs fortunes, seront poursuivis devant les tribunaux de district; et si l'escroquerie est prouvée, le tribunal de district, après avoir prononcé les restitutions et dommages et intérêts, est autorisé à condamner, par voie de police correctionnelle, à une amende qui ne pourra excéder 5000 livres, et à un emprisonnement qui ne pourra excéder deux ans. En cas d'appel, le condamné gardera prison, à moins que les juges ne trouvent convenable de le mettre en liberté, sur une caution triple de l'amende et des dommages et intérêts prononcés. En cas de récidive, la peine sera double.

Tous les jugemens de condamnation à la suite des délits mentionnés au présent article, seront imprimés et affichés.

X X X V I.

Ceux qui tiendraient des maisons de jeux de hasard ou le public serait admis, soit librement, soit sur la présentation des affiliés, seront punis d'une amende de 1000 à 3000 livres, avec confiscation des fonds trouvés exposés au jeu, et d'un emprisonnement qui ne pourra

excéder un an. L'amende en cas de récidive, sera de 5000 à 10,000 livres,
et l'emprisonnement ne pourra excéder
deux ans, sans préjudice de la solidarité
pour les amendes qui auraient été prononcées par la police municipale, contre
les propriétaires et principaux locataires,
dans le cas et aux termes de l'article
7 du titre Ier. du présent décret.

X X X V I I.

Ceux qui tiendraient des maisons de
jeux de hasard, s'ils sont pris en flagrant
délit, pourront être saisis et conduits
devant le juge-de-paix.

X X X V I I I.

Toute personne convaincue d'avoir
vendu des boissons falsifiées par des
mixtions nuisibles, sera condamnée à
une amende qui ne pourra excéder 1000
livres, et à un emprisonnement qui ne
pourra excéder une année. Le jugement
sera imprimé et affiché. La peine sera
double en cas de récidive.

X X X I X.

Les marchands ou tous autres vendeurs, convaincus d'avoir trompé, soit
sur le titre des matières d'or ou d'argent, soit sur la qualité d'une pierre
fausse vendue pour fine, seront, outre
la confiscation des marchandises en délit, et la restitution envers l'acheteur,
condamnés à une amende de 1000 à
3000 livres, et à un emprisonnement
qui ne pourra excéder deux années ; la
peine sera double en cas de récidive.

Tout jugement de condamnation à
la suite des délits mentionnés au présent article, sera imprimé et affiché.

X L.

Ceux qui, condamnés une fois par
la police municipale pour infidélité sur
les poids et mesures, commettraient de
nouveau le même délit, seront condamnés, par la police correctionnelle, à la
confiscation des marchandises fausses,

ainsi que des faux poids et mesures, lesquels seront brisés, à une amende qui ne pourra excéder 1000 livres, et à un emprisonnement qui ne pourra excéder une année. Tout jugement à la suite des délits mentionnés au présent article, sera imprimé et affiché. A la seconde récidive, ils seront poursuivis criminellement, et condamnés aux peines portées au code pénal.

X L I.

Les dommages et intérêts, ainsi que les restitutions et les amendes qui seront prononcées en matière de police correctionnelle, emporteront la contrainte par corps.

X L I I.

Les amendes de la police correctionnelle et de la police municipale seront solidaires entre les complices ; celles qui ont la contribution mobiliaire pour base seront exigées d'après la cote entière de cette contribution, sans déduction de ce qu'on aurait payé pour la contribution foncière.

Forme de procéder, et composition des tribunaux en matière de police correctionnelle.

X L I I I.

Dans le cas où un prévenu, surpris en flagrant délit, serait amené devant le juge-de-paix, conformément aux dispositions ci-dessus, le juge, après l'avoir interrogé, après avoir entendu les témoins, s'il y a lieu, dressé procès-verbal sommaire, le renverra en liberté, s'il le trouve innocent ; le renverra à la police municipale, si l'affaire est de sa compétence ; donnera le mandat d'arrêt, s'il est justement suspect d'un crime ; enfin, s'il s'agit des délits ci-dessus mentionnés au présent titre depuis l'article 17, le fera retenir pour être jugé par le tribunal de la police correctionnelle, ou l'admettra sous caution de se représenter. La caution ne pourra être moindre de 3000 livres, ni excéder 20,000 livres.

X L I V.

La poursuite de ces délits sera faite, soit par les citoyens lésés, soit par le procureur de la commune ou ses substituts, s'il y en a, soit par des hommes de loi, commis à cet effet par la municipalité.

X L V.

Sur la dénonciation des citoyens, ou du procureur de la commune, ou de ses substituts, le juge-de-paix pourra donner un mandat d'amener, et après les éclaircissemens nécessaires, prononcera selon qu'il est dit en l'art. 43.

X L V I.

Dans les lieux où il n'y a qu'un juge-de-paix, le tribunal de police correctionnelle sera composé du Juge-de-paix et de deux assesseurs. S'il n'y a que deux juges-de-paix, il sera composé des deux juges-de-paix, et d'un assesseur.

X L V I I.

Dans les villes où il y a trois juges-de-paix, le tribunal de police correctionnelle sera composé de ces trois juges ; et en cas d'absence de l'un d'eux, il sera remplacé par un des assesseurs.

X L V I I I.

Dans les villes qui ont plus de trois juges-de-paix et moins de six, le tribunal sera de trois, qui siégeront de manière à ce qu'il en sorte un chaque mois.

X L I X.

Dans les villes de plus de soixante mille ames, le tribunal de police correctionnelle sera composé de six juges-de-paix, ou, à leur défaut, d'assesseurs. Ils serviront par tour, et pourront se diviser en deux chambres.

L.

A Paris, il sera composé de neuf juges-de-paix, servant par tour. Il tiendra une audience tous les jours, et pourra se diviser en trois chambres.

Durant le service des neuf juges-de-paix à ce tribunal, et pareillement durant la journée où les juges-de-paix de la ville de Paris seront occupés au service alternatif établi dans le lieu central, par l'article 34 du titre premier du présent décret, toutes les fonctions qui leur sont attribuées par la loi, pourront être exercées dans l'étendue de leur section par les juges-de-paix des sections voisines, au choix des parties.

L I.

Le greffier du juge-de-paix servira auprès du tribunal de police correctionnelle dans les lieux où ce tribunal sera tenu par le juge-de-paix et deux assesseurs.

L I I.

Dans toutes les villes où le tribunal de police correctionnelle sera composé de deux ou trois juges-de-paix , le corps municipal nommera un greffier.

L I I I.

Dans les villes où le tribunal de police correctionnelle sera composé de plusieurs chambres, le greffier présentera autant de commis-greffiers qu'il y aura de chambres.

L I V.

Les greffiers nommés par le corps municipal pour servir près du tribunal de police correctionnelle, seront à vie. Leur traitement sera de 1,000 livres dans les lieux où le tribunal ne formera qu'une chambre; de 1,800 liv. dans les lieux où il en formera deux, et de 3,000 liv. dans les lieux où il en formera trois. Le traitement des commis - greffiers sera , pour chacun , la moitié de celui du greffier.

L V.

Les huissiers des juges-de-paix qui seront de service , feront celui de l'audience.

L V I.

Les audiences de chaque tribunal seront publiques, et se tiendront dans le lieu qui sera choisi par la municipalité.

L V I I.

L'audience sera donnée, sur chaque fait, trois jours au plus tard après le renvoi prononcé par le juge-de-paix.

L V I I I.

L'instruction se fera à l'audience ; le prévenu y sera interrogé , les témoins pour et contre entendus en sa présence ; les reproches et défenses proposés, les pièces lues , s'il y en a , et le jugement prononcé de suite, ou, au plus tard, à l'audience suivante.

L I X.

Les témoins prêteront serment à l'audience; le greffier tiendra note du nom, de l'âge, des qualités des témoins, ainsi que de leurs principales déclarations et des principaux moyens de défense. Les conclusions des parties et celle de la partie publique seront fixées par écrit, et les jugemens seront motivés.

L X.

Il ne sera fait aucune autre procédure, sans préjudice du droit qui appartient à chacun d'employer le ministère d'un défenseur officieux.

L X I.

Les jugemens en matière de police correctionnelle pourront être attaqués par la voie de l'appel.

L'appel sera porté au tribunal de district ;il ne pourra être reçu après les quinze jours du jugement signifié à la personne du condamné, ou à son dernier domicile.

LXII.

Le tribunal de district jugera en dernier ressort.

LXIII.

Le département de Paris n'aura qu'un tribunal d'appel, composé de six juges ou suppléans, tirés des six tribunaux d'arrondissemens. Il pourra se diviser en deux chambres, qui jugeront au nombre de trois juges.

LXIV.

Les six premiers juges ou suppléans qui composeront le tribunal d'appel, seront pris par la voie du sort dans les six tribunaux, les présidens exceptés ; de mois en mois, il en sortira deux, lesquels seront remplacés par deux autres, que choisiront les deux tribunaux de district auquel les deux sortans appartiendront, et ainsi de suite, par ordre d'arrondissement.

L X V.

L'audience du tribunal d'appel, ou des deux chambres dans lesquels il sera divisé, sera ouverte tous les jours, si le nombre des affaires l'exige, sans que le tribunal puisse jamais vaquer.

L X V I.

Les six premiers juges qui composeront ce tribunal, nommeront un greffier, lequel sera à vie, et présentera un commis-greffier pour chacune des deux chambres.

L X V I I.

Les plus âgés présideront les deux chambres du tribunal d'appel ci-dessus. Il en sera de même dans toute l'étendue du royaume, pour ceux des tribunaux de première instance qui seront composés de deux ou trois juges-de-paix.

LXVIII.

Dans toute l'étendue du royaume l'instruction sur l'appel se fera à l'audience et dans la forme déterminée ci-dessus; les témoins, s'il est jugé né-cessaire, y seront de nouveau entendus; et l'appelant, s'il succombe, sera con-damné en l'amende ordinaire.

LXIX.

En cas d'appel des jugemens rendus par le tribunal de police correction-nelle, les conclusions seront données par le commissaire du roi. Dans la ville de Paris, il sera nommé par le roi un commissaire pour servir auprès du tribunal d'appel de police correc-tionnelle.

Application des confiscations et amendes.

L X X.

Les produits des confiscations et des amendes prononcées en police correctionnelle, seront perçus par le receveur du droit d'enregistrement, et après la déduction de la remise accordée aux percepteurs, appliqués, savoir : un tiers aux menus frais de la municipalité et du tribunal de première instance, un tiers à ceux des bureaux de paix et jurisprudence charitable, et un tiers au soulagement des pauvres de la commune. La justification de cet emploi sera faite au corps municipal, et surveillée par le directoire des assemblées administratives.

X X X I.

Les peines portées au présent décret, ne seront applicables qu'aux délits commis postérieurement à sa publication.

DÉCRET *sur les Biens et Usages ruraux, et sur la Police rurale.*

Des 22 et 28 'septembre , sanctionné le 6 octobre suivant.

TITRE PREMIER.

Des Biens et Usages ruraux.

SECTION PREMIÈRE.

Principes généraux sur la propriété territoriale.

ARTICLE PREMIER.

Le territoire de la France, dans toute son étendue, est libre comme les personnes qui l'habitent : ainsi toute propriété territoriale ne peut être sujette envers les particuliers qu'aux redevances et aux charges dont la convention n'est pas défendue par la Loi; et envers la nation, qu'aux contributions publiques, établies par le corps législatif, et aux sacrifices que peut exiger le bien général, sous la condition d'une juste et préalable indemnité.

I I.

Les propriétaires sont libres de varier à leur gré la culture et l'exploitation de leurs terres, de conserver à leur gré leurs récoltes, et de disposer de toutes les productions de leur propriété dans l'intérieur du royaume, et au dehors, sans préjudicier aux droits d'autrui, et en se conformant aux lois.

I I I.

Tout propriétaire peut obliger son voisin au bornage de leurs propriétés contiguës, à moitié frais.

I V.

Nul ne peut se prétendre propriétaire exclusif des eaux d'un fleuve ou d'une rivière navigable ou flotable : en conséquence, tout propriétaire riverain peut, en vertu du droit commun, y faire des prises d'eau, sans néanmoins en détourner ni embarrasser le cours d'une manière nuisible au bien général et à la navigation établie.

SECTION II.

Des baux des biens de campagne.

ARTICLE PREMIER.

La durée et les clauses des baux des biens de campagne, seront purement conventionnelles.

II.

Dans un bail de six années ou au-dessous, fait après la publication du présent décret, quand il n'y aura pas de clause sur le droit du nouvel acquéreur à titre singulier, la résiliation du bail, en cas de vente du fonds, n'aura lieu que de gré à gré.

III.

Quand il n'y aura pas de clause sur ce droit dans les baux de plus de six années, en cas de vente du fonds, le nouvel acquéreur à titre singulier pourra exiger la résiliation, sous la condition de cultiver lui-même sa propriété; mais en signifiant le congé au fermier au moins un an à l'avance, pour qu'il sorte à pareils mois et jour que ceux aux quels le bail aurait fini, et en dédommageant au préalable ce fermier, à dire d'experts, des avantages qu'il aurait retiré de son exploitation ou culture continuée jusqu'à la fin de son bail, d'après le prix de la ferme, et d'après les avances et les améliorations qu'il aura faites à l'époque de la résiliation.

IV.

La tacite réconduction n'aura plus lieu à l'avenir en bail à ferme ou à loyer des biens ruraux.

V.

A l'avenir, il ne sera payé aucun droit de quint, treizième, lots et ventes, et autres précédemment connus sous le titre de droits de ventes, à raison des baux à ferme ou à loyer, faits pour un tems certain et limité, encore qu'ils excèdent le terme de neuf années, soit que le bail soit fait moyennant une redevance annuelle, soit pour une somme une fois payée: nonobstant toutes les lois, coutumes, statuts ou jurisprudence, à ce contraires, sans préjudice de l'exécution des lois, coutumes ou statuts qui assujetissent les baux à vie et les aliénations d'usufruit à des droits de vente ou autres droits seigneuriaux.

SECTION III.

De diverses propriétés rurales.

ARTICLE PREMIER.

Nul agent de l'agriculture, employé

avec des bestiaux au labourage ou à quelque travail que ce soit, ou occupé à la garde des troupeaux, ne pourra être arrêté, sinon pour crime, avant qu'il n'ait été pourvu à la sûreté desdits animaux ; et en cas de poursuite criminelle, il y sera également pourvu immédiatement après l'arrestation, et sous la responsabilité de ceux qui l'auront exercée.

I I.

Aucuns engrais, ni ustensiles, ni autres meubles utiles à l'exploitation des terres, et aucuns bestiaux servant au labourage, ne pourront être saisis ni vendus pour contributions publiques ; et ils ne pourront l'être pour aucune cause de dette, si ce n'est au profit de la personne qui aura fourni lesdits effet ou bestiaux, ou pour l'acquittement de la créance du propriétaire envers son fermier ; et ce seront toujours les derniers

objets

objets saisis en cas d'insuffisance d'autres objets mobiliers.

III.

La même règle aura lieu pour les ruches ; et, pour aucune raison, il ne sera permis de troubler les abeilles dans leurs courses et leurs travaux : en conséquence, même en cas de saisie légitime, une ruche ne pourra être déplacée, que dans les mois de septembre, janvier et février.

IV.

Les vers-à-soie sont de même insaisissables pendant leur travail, ainsi que la feuille du mûrier qui leur est nécessaire pendant leur éducation.

V.

Le propriétaire d'un essaim a le droit de le réclamer et de s'en ressaisir, tant qu'il n'a point cessé de le suivre ; autrement, l'essaim appartient au propriétaire du terrein sur lequel il s'est fixé.

SECTION IV.

Des troupeaux, des clôtures, du parcours, et de la vaine pâture.

ARTICLE PREMIER.

Tout propriétaire est libre d'avoir chez lui telle quantité et telle espéce de troupeaux qu'il croit utiles à la culture et à l'exploitation de ses terres, et de les y faire pâturer exclusivement, sauf ce qui sera réglé ci-après, relativement au parcours et à la vaine pâture.

I I.

La servitude réciproque de paroisse à paroisse, connue sous le nom de parcours, et qui entraîne avec elle le droit de vaine pâture, continuera provisoirement d'avoir lieu, avec les restrictions déterminées en la présente

section, lorsque cette servitude sera
fondée sur un titre ou sur une possession autorisée par les lois et les coutumes. A tous autres égards, elle est
abolie.

III.

Le droit de vaine pâture dans une
paroisse, accompagné ou non de la servitude du parcours, ne pourra exister
que dans les lieux où il est fondé sur
un titre particulier, ou autorisé par la
loi ou par un usage local immémorial,
et à la charge que la vaine pâture n'y
sera exercée que conformément aux
règles et usages locaux qui ne con-
trarieront point les réserves portées
dans les articles suivans de la présente
section.

IV.

Le droit de clorre et de déclorre
ses héritages, résulte essentiellement
de celui de propriété, et ne peut être

contesté à aucun propriétaire. L'assemblée nationale abroge toutes lois et coutumes qui peuvent contrarier ce droit.

V.

Le droit de parcours et le droit simple de vaine pâture ne pourront, en aucun cas, empêcher les propriétaires de clorre leurs héritages, et tout le tems qu'un héritage sera clos de la manière qui sera déterminée par l'article suivant, il ne pourra être assujetti ni à l'un ni à l'autre droit ci-dessus.

V I.

L'héritage sera réputé clos, lorsqu'il sera entouré d'un mur de quatre pieds de hauteur, avec barrière ou porte, ou lorsqu'il sera exactement fermé et entouré de palissades ou de treillages, ou d'une haie vive ou d'une haie sèche, faite avec des pieux, ou cordelée avec des branches, ou de toute autre manière de faire les haies en usage dans chaque localité ; ou enfin d'un fossé de quatre pieds de large au moins à l'ouverture, et de deux pieds de profondeur.

V I I.

La clôture affranchira de même du droit de vaine pâture réciproque ou non réciproque entre particuliers, si ce droit n'est pas fondé sur un titre. Toutes lois et tous usages contraires sont abolis.

V I I I.

Entre particuliers, tout droit de vaine pâture fondé sur un titre, même dans les bois, sera rachetable à dire d'experts ; suivant l'avantage que pouvait en retirer celui qui avait ce droit, s'il n'était pas réciproque, ou eu égard au désavantage qu'un des propriétaires aurait à perdre la réciprocité, si elle existait ; le tout sans préjudice au droit de cantonnement, tant pour les particuliers, que pour les communautés, confirmé par l'art. 5 du décret des 16 et 19 septembre 17.

I X.

Dans aucun cas et dans aucun tems, le droit de parcours ni celui de vaine pâture ne pourront s'exercer sur les prairies artificielles, et ne pourront avoir lieu sur aucune terre ensemencée ou couverte de quelques productions que ce soit, qu'après la récolte.

X.

Par-tout où les prairies naturelles sont sujettes au parcours ou à la vaine pâture, ils n'auront lieu provisoirement que dans le tems autorisé par les lois et coutumes, et jamais tant que la première herbe ne sera pas récoltée.

X I.

Le droit dont jouit tout propriétaire de clorre ses héritages, a lieu, même par rapport aux prairies, dans les pa-

roisses où, sans titre de propriété, et
seulement par l'usage, elles deviennent
communes à tous les habitans, soit immédiatement après la récolte de la première herbe, soit dans tout autre tems
déterminé.

X I I.

Dans les pays de parcours ou de
vaine pâture soumis à l'usage du troupeau en commun, tout propriétaire
ou fermier pourra renoncer à cette
communauté, et faire garder par troupeau séparé un nombre de têtes de
bétail proportionné à l'étendue des
terres qu'il exploitera dans la paroisse.

X I I I.

La quantité de bétail, proportionnellement à l'étendue du terrain sera fixé
dans chaque paroisse à tant de bêtes
par arpent, d'après les réglemens et
usages locaux ; et à défaut de documens
positifs à cet égard, il y sera pourvu

par le conseil-général de la commune.

XIV.

Néanmoins tout chef de famille domicilié, qui ne sera ni propriétaire, ni
fermier d'aucun des terrains sujets au
parcours ou à la vaine pâture ; et le propriétaire ou fermier à qui la modicité
de son exploitation n'assurerait pas l'a-
vantage qui va être déterminé, pourront mettre sur lesdits terrains, soit
par troupeau séparé, soit en troupeau en
commun, jusqu'au nombre de six bêtes
à laine et d'une vache avec son veau,
sans préjudicier aux droits desdites personnes sur les terres communales, s'il
y en a dans la paroisse ; et sans entendre rien innover aux lois, coutumes
ou usages locaux et de temps immémorial, qui leur accorderaient un plus
grand avantage.

XV.

Les propriétaires ou fermiers exploitant des terres sur les paroisses sujettes

au parcours ou à la vaine pâture, et dans lesquelles ils ne seraient pas domiciliés, auront le même droit de mettre dans le troupeau commun, ou de faire garder par troupeau séparé, une quantité de têtes par bétail, proportionnée à l'étendue de leur exploitation, et suivant les dispositions de l'article 13 de la présente section; mais, dans aucun cas, ces propriétaires ou fermiers ne pourront céder leurs droits à d'autres.

X V I.

Quand un propriétaire d'un pays de parcours ou de vaine pâture, aura clos une partie de sa propriété, le nombre des têtes de bétail qu'il pourra continuer d'envoyer dans le troupeau commun ou par troupeau séparé, sur les terres particulières des habitans de la communauté, sera restreint proportionnellement et suivant les dispositions de l'article 13 de la présente section.

XVII.

La communauté dont le droit de parcours sur une paroisse voisine sera restreint par des clôtures faites de la manière déterminé e à l'article 6 de cette section, ne pourra prétendre, à cet égard, à aucune espèce d'indemnité, même dans le cas où son droit serait fondé sur un titre; mais cette communauté aura le droit de renoncer à la faculté réciproque qui résultait de celui de parcours entre elle et la paroisse voisine; ce qui aura également lieu, si le droit de parcours s'exerçait sur la propropriété d'un particulier.

XVIII.

Par la nouvelle division du royaume, si quelques sections de paroisses se trouvent réunies à des paroisses soumises à des usages différens des leurs, soit relativement au parcours ou à la vaine pâture, soit relativement au troupeau en commun, la plus petite partie dans la réunion suivra la loi de la plus grande, et les corps administratifs décideront des contestations qui naîtraient à ce sujet. Cependant, si une propriété n'était point enclavée dans les autres, et qu'elle ne gênât point le droit provisoire de parcours ou de vaine pâture, auquel elle n'était point soumise, elle serait exceptée de cette règle.

X I X.

Aussi-tôt qu'un propriétaire aura un troupeau malade, il sera tenu d'en faire la déclaration à la municipalité; elle assignera, sur le terrain du parcours ou de la vaine pâture, si l'un ou l'autre existe dans la paroisse, un espace où le troupeau malade pourra pâturer exclusivement, et le chemin qu'il devra suivre pour se rendre au pâturage. Si ce n'est point un pays de parcours ou de vaine pâture, le propriétaire sera tenu de ne point faire sortir de ses héritages son troupeau malade.

X X.

Les corps administratifs emploieront constamment les moyens de protection et d'encouragement qui sont en leur pouvoir, pour la multiplication des chevaux, des troupeaux, et de tous les bestiaux de race étrangère qui seront utiles à l'amélioration de nos espèces, et pour le soutien de tous les établissemens de ce genre.

Ils encourageront les habitans des campagnes par des récompenses, et suivant les localités, à la destruction des animaux mal-faisans qui peuvent ravager les troupeaux, ainsi qu'à la destruction des animaux et des insectes qui peuvent nuire aux récoltes.

Ils emploieront particulièrement tous les moyens de prévenir et d'arrêter les épizooties, et la contagion de la morve des chevaux.

SECTION V.
Des récoltes.

ARTICLE PREMIER.

La municipalité pourvoira à faire serrer la récolte d'un cultivateur absent, infirme ou accidentellement hors d'état de la faire lui-même, et qui réclame ce secours; elle aura soin que cet acte de fraternité et de protection de la loi, soit exécuté aux moindres frais. Les ouvriers seront payés sur la récolte de ce cultivateur.

I I.

Chaque propriétaire sera libre de faire sa récolte, de quelque nature qu'elle soit, avec tout instrument, et au moment qu'il lui conviendra, pourvu qu'il ne cause aucun dommage aux propriétaires voisins.

Cependant, dans les pays ou leban

de vendange est en usage; il pourra être fait, à cet égard, un règlement chaque année par le conseil-général de la commune, mais seulement pour les vignes non closes. Les réclamations qui pourraient être faites contre le règlement, seront portées au directoire du département, qui y statuera sur l'avis du directoire de district.

III.

Nulle autorité ne pourra suspendre ou intervertir les travaux de la campagne, dans les opérations de la semence et des récoltes.

SECTION VI.

Des chemins.

ARTICLE PREMIER.

Les agens de l'administration ne pourront fouiller dans un champ pour y chercher des pierres, de la terre ou du sable nécessaires à l'entretien des grandes routes ou autres ouvrages publics, qu'au préalable ils n'aient averti le propriétaire, et qu'il ne soit justement indemnisé, à l'amiable ou à dire d'experts, conformément à l'article 1 du présent décret.

I I.

Les chemins reconnus par le directoire de district pour être nécessaires à la communication des paroisses, seront rendus praticables et entretenus aux dépens des communautés sur le territoire desquelles ils sont établis. Il pourra y avoir à cet effet une imposition, au marc la livre, de la contribution foncière.

I I I.

Sur la réclamation d'une des communautés, ou sur celle des particuliers, le directoire de département, après avoir pris l'avis de celui de district, ordonnera l'amélioration d'un mauvais chemin, afin que la communication ne soit interrompue dans aucune saison ; et il en déterminera la largeur.

SECTION VII.

Des gardes-champêtres.

ARTICLE PREMIER.

Pour assurer les propriétés et conserver les récoltes, il pourra être établi des gardes champêtres dans les municipalités, sous la jurisdiction des juges-de-paix, et sous la surveillance des officiers municipaux ; ils seront nommés par le conseil général de la commune, et ne pourront être changés ou destitués que dans la même forme.

II.

Plusieurs municipalités pourront choisir et payer le même garde-champêtre, et une municipalité pourra en avoir plusieurs. Dans les municipalités où il

y a des gardes établis pour la conservation des bois, ils pourront remplir
les deux fonctions.

I I I.

Les gardes-champêtres seront payés
par la communauté ou les communautés, suivant le prix déterminé par le
conseil-général. Leurs gages seront prélevés sur les amendes qui appartiendront en entier à la communauté : dans
le cas où elles ne suffiraient pas au salaire des gardes, la somme qui man-
querait serait répartie au marc la livre
de la contribution foncière, mais à la
charge de l'exploitant. Toutefois, les
gages des gardes des bois communaux
seront prélevés sur le produit de ces
bois, et séparés des gages de ceux qui
conservent les autres propriétés rurales.

I V.

Dans l'exercice de leurs fonctions,
les gardes-champêtres pourront porter

toutes sortes d'armes qui seront jugées leur être nécessaires par le directoire du département. Ils auront sur le bras une plaque de métal ou d'étoffe, où seront inscrits ces mots, *la loi*, le nom de la municipalité, celui du garde.

V.

Les gardes-champêtres seront âgés au moins de vingt-cinq ans; ils seront reconnus pour gens de bonnes mœurs, et ils seront reçus par le juge-de-paix, qui leur fera prêter le serment de veiller à la conservation de toutes les propriétés qui sont sous la foi publique, et de toutes celles dont la garde leur aura été confiée par l'acte de leur nomination.

V I.

Ils feront, affirmeront et déposeront leurs rapports devant le juge-de-paix de leur canton, ou l'un de ses assesseurs, ou feront devant l'un ou l'autre leurs déclarations. Leurs rapports, ainsi que leurs déclarations., lorsqu'ils. ne donneront lieu qu'à des réclamations pécuniaires, feront foi en justice pour tous les délits mentionnés dans la police rurale, sauf la preuve contraire.

V I I.

Ils seront responsables des dommages, dans le cas où ils négligeront de faire, dans les vingt-quatre heures, le rapport des délits.

V I I I.

La poursuite des délits ruraux sera faite au plus tard dans le délai d'un mois, soit par les parties lésées, soit par le procureur de la commune ou ses substituts, s'il y en a, soit par des hommes de loi commis à cet effet par la municipalité ; faute de quoi il n'y aura plus lieu à poursuite.

TITRE II.

De la police rurale.

ARTICLE PREMIER.

La police des campagnes est spécialement sous la jurisdiction des juges-de-paix et des officiers municipaux, et sous la surveillance des gardes-champêtres et de la gendarmerie nationale.

II.

Tout les délits ci-après mentionnés sont, suivant leur nature, de la compétence du juge-de-paix ou de la municipalité du lieu où ils auront été commis.

III.

Tout délit rural, ci-après mentionné, sera punissable d'une amende, ou d'une détention, soit municipale, soit correctionnelle; ou de détention et d'a-

mende réunies, suivant les circonstances et la gravité du délit, sans préjudice de l'indemnité qui pourra être due
à celui qui aura souffert le dommage.
Dans tous les cas, cette indemnité sera
payable par préférence à l'amende. L'indemnité et l'amende sont dues solidairement par les délinquans.

I V.

Les moindres amendes seront de la
valeur d'une journée de travail au taux
du pays, déterminé par le directoire
de département. Toutes les amendes
ordinaires qui n'excéderont pas la somme de trois journées de travail, seront
doubles en cas de récidive dans l'espace d'une année, ou si le délit a été
commis avant le lever ou après le coucher du soleil : elles seront triples quand
les deux circonstances précédentes se
trouveront réunies; elles seront versées
dans la caise de la municipalité du lieu,

V.

Le défaut de paiement des amendes et des dédommagemens ou indemnités, n'entraînera la contrainte par corps que vingt-quatre heures après le commandement. La détention remplacera l'amende à l'égard des insolvables; mais la durée en commutation de peine ne pourra excéder un mois, dans les délits pour lesquels cette peine n'est point prononcée; et dans les cas graves où la peine de détention est jointe à l'amende, elle pourra être prolongée du quart du temps prescrit par la loi.

V I.

Les délits mentionnés au présent décret, qui entraîneraient une détention de plus de trois jours dans les campagnes, et de plus de huit jours dans les villes, seront jugés par voie de police correctionnelle; les autres le seront par voie de police municipale.

V I I.

Les maris, pères, mères, tuteurs, maîtres, entrepreneurs de toute espèce, seront civilement responsables des délits commis par leurs femmes et enfans, pupilles, mineurs n'ayant pas plus de vingt-ans, et non mariés, domestiques, ouvriers, voituriers, et autres subordonnés. L'estimation du dommage sera toujours faite par le juge-de-paix ou ses assesseurs, ou par des experts par eux nommés.

V I I I.

Les domestiques, ouvriers, voituriers, ou autres subordonnés, seront, à leur tour, responsables de leurs délits, envers ceux qui les emploient.

I X.

Les officiers municipaux veilleront généralement à la tranquillité, à la salubrité et à la sûreté des campagnes ; ils seront tenus particulièrement de faire, au moins une fois par an, la visite des fours et cheminées de toutes maisons et de tous bâtimens éloignés de moins de cent toises d'autres habitations : ces visites seront préalablement annoncées huit jours d'avance.

D'après la visite, ils ordonneront la réparation ou démolition des fours et cheminées qui se trouveront dans un état de délabrement qui pourrait occasionner un incendie ou d'autres accidens ; il pourra y avoir lieu à une amende au moins de 6 livres, et au plus de 24 livres.

X.

Toute personne qui aura allumé du feu dans les champs plus près que cinquante toises des maisons, bois, bruyères, vergers, haies, meules de grains, de paille, ou de foin, sera condamnée à une amende égale à la valeur de douze journées de travail, et paiera en outre le dommage que le feu aurait occasionné ;

sionné ; le délinquant pourra de plus,
suivant les circonstances, être condamné
à la détention de police municipale.

X I.

Celui qui achetera des bestiaux hors
des foires et marchés, sera tenu de les
restituer gratuitement au propriétaire,
en l'état où ils se trouveront, dans le
cas où ils auraient été volés.

X I I.

Les dégâts que les bestiaux de toute
espèce, laissés à l'abandon, feront sur
les propriétés d'autrui, soit dans l'enceinte des habitations, soit dans les
champs ouverts, seront payés par les
personnes qui ont la jouissance des bestiaux ; si elles sont insolvables, ces dégâts seront payés par celles qui en ont
la propriété. Le propriétaire qui éprouvera le dommage, aura le droit de saisir
les bestiaux, sous l'obligation de les
faire conduire dans les vingt - quatre

heures au lieu du dépôt qui sera désigné à cette effet par la municipalité.

Il sera satisfait aux dégâts par la vente des bestiaux, s'ils ne sont pas réclamés, ou si le dommage n'a point été payé dans la huitaine du jour du délit.

Si ce sont des volailles de quelque espèce que ce soit, qui causent le dommage, le propriétaire, le détenteur ou le fermier qui l'éprouvera, pourra les tuer, mais seulement sur le lieu, au moment du dégât.

X I I I.

Les bestiaux morts seront enfouis dans la journée à quatre pieds de profondeur par le propriétaire, et dans son terrain, ou voiturés à l'endroit désigné par la municipalité, pour y être également enfouis, sous peine, par le délinquant, de payer une amende de la valeur d'une journée de travail, et les frais de transport et d'enfouissement.

XIV.

Ceux qui détruiront les greffes des arbres fruitiers ou autres, ceux qui écorceront ou couperont en tout ou en partie des arbres sur pied, qui ne leur appartiendront pas, seront condamnés à une amende double du dédommagement dû au propriétaire, et à une détention de police correctionnelle qui ne pourra excéder six mois.

XV.

Personne ne pourra inonder l'héritage de son voisin, ni lui transmettre volontairement les eaux d'une manière nuisible, sous peine de payer le dommage, et une amende qui ne pourra excéder la somme du dédommagement.

XVI.

Les propriétaires ou fermiers des moulins et usines construits ou à construire, seront garants de tous dommages que les eaux pourraient causer aux chemins ou aux propriétés voisines, par la trop grande élévation du déversoire, ou autrement. Ils seront forcés de tenir ces eaux à une hauteur qui ne nuise à personne, et qui sera fixée par le directoire du département, après l'avis du directoire de district, En cas de contravention, la peine sera une amende qui ne pourra excéder la somme du dédommagement.

X V I I.

Il est défendu à toute personne de recombler les fossés, de dégrader les clôtures, de couper des branches de haies vives, d'enlever des bois secs des haies, sous peine d'une amende de la valeur de trois journées de travail. Le dédommagement sera payé au propriétaire; et suivant la gravité des circonstances, la détention pourra avoir lieu, mais au pour plus un mois,

XVIII.

Dans les lieux qui ne sont sujets ni
au parcours, ni à la vaine pâture, pour
toute chèvre qui sera trouvée sur l'héritage d'autrui contre le gré du pro-
prietaire de l'héritage, il sera payé une
amende de la valeur d'une journée de
travail par le propriétaire de la chèvre.

Dans les pays de parcours ou de vaine
pâture, où les chèvres ne sont pas ras-
semblées, et conduites en troupeau commun, celui qui aura des animaux de
cette espèce, ne pourra les mener aux
champs, qu'attachées, sous peine d'une
amende de la valeur d'une journée de
travail par tête d'animal.

En quelque circonstance que ce soit,
lorsqu'elles auront fait du dommage
aux arbres fruitiers ou autres, haies,
vignes, jardins, l'amende sera double,
sans préjudice du dédommagement dû
au propriétaire.

E 3

X I X.

Les propriétaires ou les fermiers d'un même canton ne pourront se coaliser pour faire baisser ou fixer à vil prix la journée des ouvriers ou les gages des domestiques, sous peine d'une amende du quart de la contribution mobiliaire des délinquans, et même de la détention de police municipale, s'il y a lieu.

X X.

Les moissonneurs, les domestiques et ouvriers de la campagne ne pourront se liguer entr'eux pour faire hausser et déterminer le prix des gages ou les salaires, sous peine d'une amende qui ne pourra excéder la valeur de douze journées de travail, et, en outre, de détention de police municipale.

X X I.

Les glaneurs, les rateleurs et les grapilleurs, dans les lieux où les usages de glaner, de rateler ou de grapiller sont reçus, n'entreront dans les champs, prés et vignes récoltés et ouverts, qu'après l'enlèvement entier des fruits. En cas de contravention, les produits du glanage, du ratelage et grapillage seront confisqués; et, suivant les circonstances, il pourra y avoir lieu à la détention de police municipale. Le glanage, le ratelage et le grapillage sont interdits dans tout enclos rural, tel qu'il est défini à l'article 6 de la quatrième section du premier titre du présent décret.

X X I I.

Dans les lieux de parcours ou de vaine pâture, comme dans ceux où ces usages ne sont point établis, les pâtres et les bergers ne pourront mener les troupeaux d'aucune espèce dans les champs moissonnés et ouverts, que deux jours après la récolte entière, sous peine d'une amende de la valeur d'une journée de travail : l'amende sera double, si les bestiaux ont pénétré dans un enclos rural.

X X I I I.

Un troupeau atteint de maladie contagieuse, qui sera rencontré au pâturage sur les terres du parcours ou de la vaine pâture, autres que celles qui auront été désignées pour lui seul, pourra être saisi par les gardes-champêtres, et même par toute personne ; il sera ensuite mené au lieu de dépot qui sera indiqué à cet effet par la municipalité.

Le maître de ce troupeau sera condamné à une amende de la valeur d'une journée de travail par tête de bêtes à laine, et à une amende triple par tête d'autre bétail.

Il pourra en outre, suivant la gravité des circonstances, être responsable du dommage que son troupeau aurait occasionné, sans que cette responsabilité puisse s'étendre au-delà des limites de la municipalité.

A plus forte raison, cette amende et cette responsabilité auront lieu, si ce troupeau a été saisi sur les terres qui ne sont point sujettes au parcours ou à la vaine pâture.

XXIV.

Il est défendu de mener sur le terrain d'autrui, des bestiaux d'aucune espèce, et, en aucun temps, dans les prairies, dans les vignes, oseraies, plans de capriers, dans ceux d'oliviers, de mûriers, de grenadiers, d'orangers et arbres du même genre, dans tous les plants ou pépinières d'arbres fruitiers, faites de main d'hommes.

L'amende encourue pour le délit sera une somme de la valeur du dédommagement dû au propriétaire : l'amende sera double si le dommage a été fait

E 5,

dans un enclos rural ; et suivant les circonstances, il pourra y avoir lieu à la détention de police municipale.

X X V.

Les conducteurs de bestiaux revenant des foires, ou les menant d'un lieu à un autre, même dans les pays de parcours ou de vaine pâture, ne pourront les laisser pacager sur les terres des particuliers , ni sur les communaux, sous peine d'une amende de la valeur de deux journées de travail, en outre du dédommagement. L'amende sera égale à là somme du dédommagement , si le dommage est fait u r un terrain ensemencé, ou qui n'a pas été dépouillé de sa récolte, ou dans un enclos rural.

A défaut de paiement , les bestiaux pourront être saisis et vendus, jusqu'à concurrence de ce qui sera dû pour l'indemnité , l'amende et autres frais relatifs; il pourra même y avoir lieu envers les conducteurs, à la détention de police municipale, suivant les circonstances.

X X V I.

Quiconque sera trouvé gardant à vue les bestiaux dans les récoltes d'autrui, sera condamné, en outre du paiement du dommage, à une amende égale à la somme du dédommagement, et pourra l'être , suivant les circonstances, à une détention qui n'excédera pas une année.

X X V I I.

Celui qui entrera à cheval dans les champs ensemencés, si ce n'est le propriétaire ou ses agens, paiera le dommage et une amende de la valeur d'une journée de travail : l'amende sera double, si le délinquant y est entré en voiture. Si les bleds sont en tuyaux, et que quelqu'un y entre, même à pied, ainsi que dans toute autre récolte pendante, l'amende sera au moins de la valeur de trois journées de travail, et pourra être d'une somme égale à celle due pour dédommagement au propriétaire.

XXVIII.

Si quelqu'un avant leur maturité, coupe ou détruit de petites parties de bled en vert, ou d'autres productions de lat erre, sans intention manifeste de les voler, il paiera en dédommagement au propriétaire, une somme égale à la valeur que l'objet aurait eu dans sa maturité; il sera condamné à une amende égale à la somme du dédommagement; et il pourra l'être à la détention de police municipale.

XXIX

Quiconque sera convaincu d'avoir dévasté des récoltes sur pied; ou abattu des plants venus naturellement, ou faits de main d'hommes, sera puni d'une amende double du dédommagement

dû au propriétaire , et d'une détention
qui ne pourra excéder deux années.

X X X.

Toute personne convaincue d'avoir,
de dessein prémédité, méchamment,
sur le territoire d'autrui, blessé ou tué
des bestiaux ou chiens de garde, sera
condamné à une amende double de la
somme de dédommagement. Le délinquant pourra être détenu un mois, si
l'animal n'a été que blessé; et six mois,
si l'animal est mort de sa blessure , ou
en est resté estropié : la détention pourra
être du double, si le délit a été commis la nuit, ou dans une étable, ou dans
un enclos rural.

X X X I.

Toute rupture ou destruction d'instrumens de l'exploitation des terres,
qui aura été commise dans les champs
ouverts, sera punie d'une amende égale

à la somme du dédommagement dû au cultivateur, et d'une détention qui ne sera jamais de moins d'un mois, et qui pourra être prolongée jusqu'à six, suivant la gravité des circonstances.

X X X I I,

Quiconque aura déplacé ou supprimé des bornes, ou pieds-cormiers, ou autres arbres plantés ou reconnus pour établir les limites entre différens héritages, pourra, en outre du paiement du dommage et des frais de remplacement des bornes, être condamné à une amende de la valeur de deux journées de travail; et sera puni par une détention dont la durée, proportionnée à la gravité des circonstances, n'excédera pas une année. La détention cependant pourra être de deux années, s'il y a transposition de bornes à fin d'usurpation.

XXXIII.

Celui qui, sans la permission du propriétaire ou fermier, enlèvera des fumiers, de la marne, ou tous autres engrais portés sur les terres, sera condamné à une amende, qui n'excédera par la valeur de six journées de travail, en outre du dédommagement; et pourra l'être à la détention de police municipale: l'amende sera de douze journées, et la détention pourra être de trois mois, si le délinquant a fait tourner à son profit ces engrais.

XXXIV.

Quinconque maraudera, dérobera des productions de la terre qui peuvent servir à la nourriture des hommes, ou d'autres productions utiles, sera condamné à une amende égale au dédommagement dû au propriétaire ou fermier; il pourra aussi, suivant les circonstances du délit, être condamné à la détention de police municipale.

XXXV.

Pour tout vol de récolte fait avec des paniers, ou sacs, ou à l'aide des animaux de charge, l'amende sera double du dédommagement; et la détention, qui aura toujours lieu, pourra être de tris mois suivant la gravité des circonstances.

XXXVI.

Le maraudage ou enlèvement de bois, fait à dos d'homme, dans les bois taillis ou futaies, ou autres plantations d'arbres des particuliers ou communautés, sera puni d'une amende double du dédommagement dû au propriétaire; la peine de la détention pourra être la même que celle portée en l'article précédent.

XXXVII.

Le vol dans les bois taillis, futaies et autres plantations d'arbres des particuliers ou communautés, exécuté à charge de bête-de-somme ou de charette, sera puni par une détention qui ne pourra être de moins de trois jours, ni excéder six mois. Le coupable paiera en outre une amende triple de la valeur du dédommagement dû au propriétaire.

XXXVIII.

Les dégâts faits dans les bois taillis des particuliers ou des communautés par des bestiaux ou troupeaux, seront punis de la manière suivante :

Il sera payé, d'amende, pour une bête à laine, une livre ; pour un cochon, une livre ; pour une chèvre, deux livres ; pour un cheval ou un autre bête de somme, deux livres ; pour un bœuf, une vache ou un veau, trois livres.

Si les bois taillis sont dans les six premières années de leur croissance, l'amende sera double,

Si les dégâts sont commis en présence du pâtre, et dans les bois taillis de moins de six années, l'amende sera triple.

S'il y a récidive dans l'année, l'amende sera double; et s'il y a réunion des deux circonstances précédentes, ou récidive avec une des deux circonstances, l'amende sera quadruple.

Le dédommagement dû au propriétaire sera estimé de gré à gré, ou à dire d'experts.

XXXIX.

Conformément au décret sur les fonctions de la gendarmerie nationale, tous dévastateurs des bois, des récoltes, ou chasseurs masqués, pris sur le fait, pourront être saisis par tout gendarme national, sans aucune réquisition d'officier civil.

X L.

Les cultivateurs ou tous autres qui auront dégradé ou détérioré, de quelque manière que ce soit, des chemins publics, ou usurpé sur leur largeur, seront condamnés à la réparation ou à la restitution, et à une amende qui ne pourra être moindre de 3 livres ni excéder 24 livres.

X L I.

Tout voyageur qui déclorra un champ pour se faire un passage dans sa route, paiera le dommage fait au propriétaire, et de plus, une amende de la valeur de trois journées de travail, à moins que le juge-de-paix du canton ne décide que le chemin public était impraticable; et alors les dommages et les frais de reclôture seront à la charge de la communauté.

X L I I.

Le voyageur qui, par la rapidité de sa voiture ou de sa monture, tuera ou blessera des bestiaux sur les chemins, sera condamné à une amende égale à la somme du dédommagement dû au propriétaire des bestiaux.

X L I I I.

Quiconque aura coupé ou détérioré des arbres plantés sur les routes, sera condamné à une amende du triple de la valeur des arbres, et à une détention qui ne pourra excéder six mois.

X L I V.

Les gazons, les terres ou les pierres des chemins publics, ne pourront être enlevés, en aucun cas, sans l'autorisation du directoire du département : les terres ou matériaux appartenans aux communautés, ne pourront également être enlevés, si ce n'est par suite d'un usage général établi dans la commune pour les besoins de l'agriculture, et non aboli par une délibération du conseil-général.

Celui qui commettra l'un de ces délits sera, en outre de la réparation du dommage, condamné, suivant la gravité des circonstances, à une amende qui ne pourra excéder 24 livres, ni être moindre de 3 livres. Il pourra de plus être condamné à la détention de police municipale.

X L V.

Les peines et les amendes déterminées par le présent décret, ne seront encourues que du jour de sa publication.

DÉCRET sur la Police de sûreté ordinaire.

Du 6 Septembre 1791, — le 29.

TITRE PREMIER.

De l'Institution des Officiers de Police.

ARTICLE PREMIER.

LE juge-de-paix de chaque canton sera chargé des fonctions de la police de sûreté, ainsi qu'elles seront ci-après détaillées.

I I.

Il y aura, de plus, un ou plusieurs fonctionnaires publics chargés d'exercer, concurremment avec les juges-de-paix des divers cantons, les fonctions de la police de sûreté.

I I I.

Cette concurrence sera exercée par

les capitaines et lieutenans de la gendarmerie nationale, sous l'exception portée en l'article 14 du titre V. Néanmoins, dans les villes où il y a plus d'un juge-de-paix établi, les officiers de gendarmerie ne pourront remplir ces fonctions de police, mais seulement celles qui sont attribuées à la gendarmerie nationale par l'article premier de la seconde section du décret du 24 décembre 1790.

I V.

Les officiers de police auront le droit de faire agir la force publique pour l'exécution de leurs mandats.

TITRE II.

Du Mandat d'amener et du Mandat d'arrêt.

ARTICLE PREMIER.

L'ordre d'un officier de police de sûreté, pour faire comparaître les prévenus de crime ou délit , s'appellera *mandat d'amener.*

I I.

Le *mandat d'amener* sera signé de l'officier de police, et scellé de son sceau; le prévenu y sera nommé ou désigné le plus clairement qu'il sera possible; il contiendra l'ordre d'amener l'inculpé devant l'officier de police; il sera exécutoire par tout le royaume, aux conditions prescrites par les articles 9 et 18 du titre V, et copie sera laissée à celui qui est désigné dans le mandat.

I I I.

Si l'inculpé est trouvé hors de la résidence de l'officier de police, ilsera conduit devant le juge-de-paix du lieu, lequel visera le mandat d'amener, mais sans pouvoir en empêcher l'exécution.

I V.

Aucun citoyen ne peut refuser de
venir

venir rendre compte aux officiers de police des faits qu'on lui impute, et s'il refuse d'obéir, ou si, après avoir déclaré qu'il est prêt à obéir, il tente de s'évader, le porteur du mandat-d'amener pourra employer la force pour le contraindre; mais il sera tenu d'en user avec modération et humanité.

V.

Si l'officier de police de sûreté devant qui l'inculpé est amené, trouve, après l'avoir entendu, qu'il y a lieu à le poursuivre criminellement, il donnera ordre qu'il soit envoyé à la maison d'arrêt du tribunal du district; cet ordre s'appellera *mandat-d'arrêt*.

V I.

Le *mandat-d'arrêt* sera également signé et scellé de l'officier de police, lequel tiendra registre de tous ceux qu'il délivrera : il sera remis à celui qui doit conduire le prévenu en la maison

Tome I. Ire. *Partie.*　　　F

d'arrêt, et copie en sera laissée à ce dernier.

VII.

Le *mandat-d'arrêt* contiendra le nom du prévenu, et son domicile s'il l'a déclaré, ainsi que le sujet de l'arrestation; faute de quoi, le gardien de la maison d'arrêt ne pourra le recevoir, sous peine d'être poursuivi criminellement.

VIII.

Aucun dépositaire de la force publique ne porrra entrer de force dans la la maison d'un citoyen, sans un mandat de police ou ordonnance de justice.

TITRE III.

Fonctions générales de l'Officier de Police.

ARTICLE PREMIER.

Tous ceux qui auront connaissance d'un meurtre ou d'une mort dont la cause est inconnue ou suspecte, seront ténus d'en donner avis sur-le-champ à l'officier de police de sûreté du lieu, ou, à son défaut, au plus voisin, lequel se rendra incontinent sur les lieux.

I I.

Dans les cas énoncés en l'article précédent, l'inhumation ne pourra être faite qu'après que l'officier de police se sera rendu sur les lieux, accompagné d'un chirurgien ou homme de l'art, et aura dressé un procès-verbal détaillé du cadavre et de toutes les circonstances, en présence de deux citoyens actifs, lesquels, ainsi que le chirurgien ou l'homme de l'art, signeront l'acte avec lui.

I I I.

L'officier de police, assisté comme il vient d'être dit, entendra les parens, voisins ou domestiques du décédé, ou ceux qui se sont trouvés en sa compagnie ayant son décès; il recevra sur-le-champ leurs déclarations, et les interpellera de les signer, ou de déclarer s'ils ne le savent faire.

IV.

L'officier de police pourra défendre que qui que ce soit ne sorte de la maison ou ne s'éloigne du lieu dans lequel le mort aura été trouvé; et ce, jusqu'à la clôture du procès-verbal et des déclarations.

V.

L'officier de police fera saisir sur-le-champ celui ou ceux qui seront prévenus d'avoir été les auteurs ou les complices du meurtre; et après avoir reçu leurs déclarations, il pourra délivrer des mandats d'arrêt contre eux, et les faire conduire à la maison d'arrêt du tribunal du district.

VI.

En cas de meurtre ou de mort dont

la cause est inconnue et suspecte, l'officier de police sera personnellement tenu, sans attendre aucune réquisition, et sans y préjudicier, de commencer la poursuite, et de délivrer à cet effet les mandats nécessaires.

TITRE IV.

Du flagrant délit.

ARTICLE PREMIER.

Lorsqu'un officier de police apprendra qu'il se commet un délit grave dans un lieu, ou que la tranquillité publique y aura été violemment troublée, il sera tenu de s'y transporter aussitôt, d'y dresser procès-verbal détaillé du corps du délit, quel qu'il soit, et de toutes ses circonstances; enfin, de tout ce qui peut servir à conviction ou à décharge.

II.

En cas de flagrant délit; ou sur la

clameur publique, l'officier de police fera saisir et amener devant lui les prévenus, sans attendre les déclarations des témoins ; et si les prévenus ne peuvent être saisis, il délivrera un mandat-d'amener, pour les faire comparaître devant lui.

III.

Tout dépositaire de la force publique, et même tout citoyen, sera tenu de s'employer pour saisir un homme trouvé en flagrant délit, ou poursuivi par la clameur publique, comme coupable d'un délit, et l'amener devant l'officier de police le plus voisin.

IV.

Tout dépositaire de la force publique, et même tout citoyen pourra conduire devant l'officier de police un homme fortement soupçonné d'être coupable d'un délit déjà dénoncé, comme dans le cas où il serait trouvé saisi des effets volés ou d'instrumens servant à faire présumer qu'il est auteur du délit, sauf à être responsables s'ils ont agi méchamment et par envie de nuire.

V.

L'officier de police recevra les éclaircissemens donnés par le prévenu; et s'il les trouve suffisans pour détruire les inculpations formées contre lui, il ordonnera qu'il soit remis sur-le-champ en liberté.

V I.

Si le prévenu n'a pas détruit les inculpations, il en sera usé à son égard ainsi qu'il sera statué ci-après.

TITRE V.

De la dénonciation du tort personnel, ou de la plainte.

ARTICLE PREMIER.

Tout particulier qui se prétendra lésé

par le délit d'un autre particulier, pourra porter ses plaintes à la police, devant un juge-de-paix ou des officiers de gendarmerie désignés plus haut.

II.

La dénonciation du tort personnel, ou la plainte, pourra être rédigée par la partie ou son fondé de procuration spéciale, ou par l'officier de police, s'il en est requis : la procuration sera toujours annexée à la plainte.

III.

La plainte sera signée à chaque feuille par l'officier de police ; elle sera également signée et affirmée par celui qui l'aura faite, ou par son fondé de procuration spéciale : il sera fait mention expresse de la signature de la partie, ou de sa déclaration de ne pouvoir signer, à peine de nullité de la plainte.

IV.

Les plaintes seront écrites de suite, et sans aucun blanc, sur un registre tenu à cet effet. La date y sera toujours exprimée.

V.

Celui qui aura porté plainte aura vingt-quatre heures pour s'en désister ; auquel cas elle sera biffée et anéantie huit jours après, à moins que l'officier de police n'ait jugé convenable de la prendre pour dénonciation ; ce qu'il sera tenu de faire dans tous les délits qui intéressent le public.

VI.

L'officier de police qui aura reçu la plainte, recevra également la déposition des témoins présentés par l'auteur de cette plainte : il sera aussi tenu d'ordonner que les personnes et lieux seront visités, et il en sera dressé procès-verbal toutes les fois qu'il s'agira d'un délit

F 5

dont les traces peuvent être constatées.

V I I.

Dans le cas où l'officier de police qui a reçu la plainte, est celui du lieu du délit ou de la résidence habituelle ou momentanée du prévenu , il pourra, d'après les charges, délivrer un mandat d'amener contre le prévenu , pour l'obliger à comparaître et à lui fournir des éclaircissemens sur le fait qu'on lui impute.

V I I I.

Néanmoins, en vertu du mandat d'amener, le prévenu ne pourra être contraint à venir qu'autant qu'il sera trouvé dans les deux jours de la date du mandat , à quelque distance que ce puisse être ; ou , passé les deux jours, s'il est trouvé dans la distance de dix lieues du domicile de l'officier qui l'a signé.

I X.

Si, après les deux jours, le pré-

venu est trouvé au-delà des dix lieues,
il en sera sur le champ donné avis à
l'officier de police qui aura signé le
mandat ; et, suivant l'ordre qui y sera
porté, il sera gardé à vue ou mis en
état d'arrestation, en faisant viser le
mandat par l'officier de police du lieu,
jusqu'à ce que le juré ait prononcé s'il
y a lieu ou non à accusation à son
égard.

X.

Pour cet effet, quatre jours après la
délivrance du mandat d'amener, si le
prévenu n'a pas comparu devant l'officier qui l'a signé, celui - ci enverra
copie de la plainte et des déclarations
des témoins, au greffe du tribunal du
district du lieu du délit, pour y être
procédé ainsi qu'il sera prescrit ci-
après.

X I.

Si néanmoins, le prévenu est trouvé

saisi des effets volés ou d'instrumens servant à faire présumer qu'il est auteur du délit, il sera amené sur-le-champ devant l'officier de police qui aura signé le *mandat d'amener*, quels que soient la distance et le délai dans lesquels il aura été saisi.

X I I.

Dans le cas où le *mandat d'amener* aura été rendu contre un *quidam*, s'il est arrêté dans les deux jours ou dans les dix lieues, il sera amené aussitôt devant l'officier de police qui l'a signé ; et si, passé les deux jours, il est arrêté au-delà des dix lieues, il en sera donné avis à l'officier de police, ainsi que de son nom et de son domicile, s'il l'a déclaré. Les quatre jours pour envoyer la procédure au greffe du district, ne commenceront que de cette époque.

X I I I.

Enfin, dans le cas où l'officier de

police qui a reçu la plainte, n'est ni celui du lieu du délit, ni celui de la résidence du prévenu, il sera tenu de renvoyer l'affaire, avec toutes les pièces, devant le *juge-de-paix* du lieu du délit, pour qu'il soit déterminé par celui-ci s'il y a lieu ou non à délivrer le *mandat d'amener*.

X I V.

Si la plainte a été portée devant un des officiers de gendarmerie nationale ci-dessus désignés, il pourra délivrer le *mandat d'amener*, mais devant le juge-de-paix de la résidence du prévenu ou du lieu du délit, lequel juge-de-paix pourra seul donner, s'il y a lieu, le mandat d'arrêt, qui sera également signé de l'officier de gendarmerie.

X V.

Les déclarations des témoins seront faites et reçues par écrit devant l'officier

de police, mais en présence du prévenu, s'il est arrêté.

X V I.

Lorsque le prévenu comparaîtra devant l'officier de police, il sera exa-
miné sur-le-champ, ou au plus tard
dans les vingt-quatre heures ; et s'il
résulte des éclaircissemens, qu'il n'y
a aucun sujet d'inculpation contre lui,
l'officier de police le renverra en liberté.

X V I I.

Lorsque le prévenu ne donnera pas
des éclaircissemens suffisans pour détruire les inculpations, alors, si le délit
est de nature à mériter peine afflictive,
l'officier de police, soit celui du lieu du
délit, soit celui du lieu de la résidence
du prévenu, délivrera un mandat d'arrêt
pour le faire conduire à la maison d'arrêt
du district du lieu du délit,

XVIII.

Si le délit est de nature à mériter une peine infamante, l'officier de police délivrera également un mandat d'arrêt contre le prévenu, à moins qu'il ne fournisse une caution suffisante de se représenter lorsqu'il en sera besoin; auquel cas il sera laissé à la garde de ses amis qui l'auront cautionné.

XIX.

Si le délit n'est pas de nature à mériter peine afflictive ou infamante, il ne pourra être donné de mandat d'arrêt contre le prévenu; mais celui qui a porté plainte à la police, sera renvoyé à se pourvoir par la voie civile.

XX.

Le refus de l'officier de police, de délivrer un mandat d'amener ou un mandat d'arrêt contre un prévenu, n'étant qu'une décision provisoire de police, celui qui a porté sa plainte pourra se pourvoir ultérieurement, ainsi qu'il sera prescrit ci-après. Lorsque l'officier de police aura refusé de délivrer le mandat, la partie plaignante ou dénonciatrice pourra exiger de lui un acte portant le refus.

TITRE VI.

De la dénonciation civique.

ARTICLE PREMIER.

Tout homme qui aura été témoin d'un attentat, soit contre la liberté et la vie d'un autre homme, soit contre la sûreté publique ou individuelle, sera tenu d'en donner aussitôt avis à l'officier de police du lieu du délit.

I I.

L'officier de police demandera au dénonciateur s'il est prêt ou non à signer et affirmer sa dénonciation.

I I I.

Si le dénonciateur signe la dénonciation et l'affirme, l'officier de police sera tenu d'ordonner aux témoins qu'il indiquera, de venir faire devant lui leur déclaration.

I V.

Sur cette déclaration, le dénonciateur pourra demander à l'officier de police un mandat d'amener le prévenu.

V.

Il sera observé, à l'égard de la dénonciation civique, ce qui est porté dans dans les articles 4, 5, 7, 8, 9, 10, 11, 13 et 14 du titre de la dénonciation du tort personnel ou de la plainte.

V I.

Si les éclaircissemens donnés ne détruisent pas l'inculpation, l'officier de police sera tenu de délivrer un mandat d'arrêt contre le prévenu, ou il le recevra à caution, si le délit n'est pas de nature à emporter peine afflictive.

V I I.

Si les éclaircissemens donnés détruisent l'inculpation, l'officier de police renverra le dénoncé en liberté sauf au dénonciateur à présenter son accusation au tribunal de district, ainsi qu'il sera prescrit plus bas, et sauf au dénoncé à se pourvoir en dommages et intérêts.

V I I I.

Si le dénonciateur refuse de signer et d'affirmer sa dénonciation, l'officier de police ne sera pas tenu d'y avoir égard : il pourra néanmoins, d'office, prendre connaissance des faits, entendre les témoins, délivrer un mandat d'amener contre le prévenu, et, s'il y a lieu, un mandat d'arrêt ; sauf, dans ce cas, à en être personnellement responsable, s'il est prouvé qu'il ait agi méchamment et avec envie de nuire.

Nota. Voir ci-après, au Livre III, Tome II, plusieurs autres décrets de l'assemblée constituante, relatifs à la police municipale et correctionelle.

ASSEMBLÉE-LÉGISLATIVE.

Décret concernant les Passeports.

Du premier Février 1792, — 18 mars,

ARTICLE PREMIER,

Toute personne qui voudra voyager dans le royaume, sera tenue, jusqu'à ce qu'il en ait été autrement ordonné, de se munir d'un passeport.

I I.

Les passeports seront donnés exclusivement par les officiers municipaux, et contiendront le nom des personnes auxquelles ils seront délivrés, leur âge, leur profession, leur signalement, le lieu de leur domicile et leur qualité de Français ou d'étranger.

I I I.

Les passeports seront donnés individuellement , et seront signés par le maire ou autre officier municipal, par le secrétaire-greffier , et par celui qui l'aura obtenu : dans le cas où ce dernier déclarera ne savoir signer , il en sera fait mention, et sur le passeport , et sur le registre de la municipalité.

I V,

Les passeports seront expédiés sur papier timbré , conformément à la loi du 18 février 1791. Les voyageurs qui les obtiendront, seront seulement assujettis aux frais du timbre,

V.

Les Français ou étrangers , qui voudront sortir du royaume, le déclareront à la municipalité du lieu de leur résidence , et il sera fait mention de leur déclaration dans le passeport.

V I,

Les personnes qui entreront dans le

royaume, prendront, à la première municipalité frontière, un passeport.

V I I.

L'ordre signé par un commandant militaire tiendra lieu de passeport, entre les mains de tout agent militaire actuellement employé dans l'étendue du commandement de l'officier qui aura signé ledit ordre.

V I I I.

Les gendarmes nationaux, les gardes nationales et les troupes de ligne de service, exigeront des voyageurs la représentation de leurs passeports.

I X.

Le voyageur qui n'en présentera pas, sera conduit devant les officiers municipaux, pour y être interrogé et être mis en état d'arrestation, à moins qu'il n'ait pour répondant un citoyen domicilié.

X.

Les officiers municipaux, suivant les réponses du voyageur arrêté ou les renseignemens qu'ils en recevront , sont autorisés à le retenir en état d'arrestation, ou à lui laisser continuer sa route; dans ce dernier cas , ils lui délivreront un passeport.

X I.

Le tems de l'arrestation ne pourra excéder un mois, à moins qu'il ne soit survenu quelques charges contre le voyageur arrêté.

X I I.

S'il n'y a point de maison d'arrêt dans l'endroit où le voyageur aura été arrêté , il sera conduit dans la maison d'arrêt la plus voisine du lieu de l'arrestation.

X I I I.

Il sera néanmoins accordé au voyageur pour maison d'arrêt , l'étendue de la municipalité dans laquelle il aura été arrêté ou transféré , au moyen d'une caution pécuniaire qu'il fournira lui-même, ou qui sera donnée pour lui, à charge de se représenter pendant le tems déterminé,

X I V.

Si , le tems de l'arrestation expiré, il n'est parvenu aucun renseignement satisfaisant sur le compte du voyageur arrêté , les officiers municipaux l'interpelleront de déclarer le lieu où il voudra se rendre, et, d'après sa déclaration, il lui sera délivré un passeport, contenant les motifs de son arrestation et l'indication de la route qu'il voudra suivre , et dont il ne pourra s'écarter,

X V,

Si le voyageur s'écarte de la route qui lui aura été tracée , il sera arrêté

et

et conduit devant les officiers municipaux du lieu de l'arrestation.

X V I.

Les officiers municipaux, après l'avoir interrogé, pourront, suivant les circonstances, ou le renvoyer avec un nouveau passeport et une nouvelle indication de route, ou le faire mettre de nouveau dans une maison d'arrêt pour le tems et suivant les formes exprimées dans les articles précédens.

X V I I.

Tout Français qui prendra un nom supposé dans un passeport, sera renvoyé à la police correctionelle, qui le condamnera à un emprisonnement qui ne pourra être moindre de trois mois, ni excéder une année.

X V I I I.

Il sera dressé par tout le royaume

Tome I. Iere. Partie.　　　G

une formule de passeport, qui sera annexée au présent décret.

XIX.

L'assemblée nationale, obligée de multiplier temporairement les mesures de sûreté publique, déclare qu'elle s'empressera d'abroger le présent décret, aussitôt que les circonstances qui l'ont provoqué auront cessé, et que la sûreté publique sera suffisamment assurée.

FORMULE DE PASSEPORT.

RÉPUBLIQUE-FRANÇAISE.

DÉPARTEMENT DE·/··········
DISTRICT DE·················
MUNICIPALITÉ DE··············
Laissez passer N. ●············
Français ou *Etranger*, (Espagnol, Suisse, Anglois, etc., *domicilié*········

Municipalité de • • • • • *District de* • • • • •
Département de • • • • • • • • • (sa profession) • • • • • • • • • *âgé de* • • • • • • • • • •
taille de •
cheveux et sourcils • • • • • • • *yeux* • • • • • •
nez • • • • • • • *bouche* • • • • • *menton* • • • • •
front • • • • • • • *visage* • • • • • • *et prêtez lui*
aide et assistance en cas de besoin, et à
ledit N... signé avec nous.

Délivré à la Maison commune de • • • • •
le •

N. maire ou officier municipal.

N. secrétaire-greffier.

N. (nom de celui à qui le passeport est accordé)

———————

———

DÉCRET *concernant les étrangers qui arrivent à Paris.*

Du 10 mai, 1792. — Le 23.

ARTICLE PREMIER.

Toute personne arrivée à Paris depuis le 1er. janvier dernier, sans y avoir eu antérieurement son domicile, sera tenue, dans la huitaine qui suivra la publication du présent décret, de déclarer devant le comité de la section qu'elle habite, son nom, son état, son domicile ordinaire et sa demeure à Paris, et d'exhiber son passeport si elle en a un.

I I.

La disposition de l'article précédent n'aura lieu à l'égard des voyageurs, qu'autant qu'ils feraient à Paris un sé-

jour de plus de trois jours; et à l'égard
de tous ceux qui viennent à Paris pour
son approvisionnement, qu'autant qu'ils
devraient y séjourner plus de huit jours.

I I I.

Indépendamment de la déclaration
ci-dessus ordonnée, tout propriétaire,
locataire principal, concierge ou portier, sera tenu, dans le même délai,
de déclarer également au comité de
sa section, tout étranger logé dans la
maison dont il est propriétaire, locataire principal, concierge ou portier.

I V.

Toutes personnes, autres que celles
ci-dessus exceptées, qui négligeront de
faire leur déclaration dans le délai prescrit, seront condamnées, par voie de
police correctionnelle, à une amende
qui ne pourra excéder trois cents liv.,
et à trois mois d'emprisonnement; celles

qui auraient fait une déclaration fausse, seront condamnées à mille livres d'amende et à six mois d'emprisonnement.

La peine de trois cents livres d'amende, sauf modération, sera encourue par le propriétaire, locataire principal, concierge ou portier qui aura négligé de faire la déclaration ci-dessus prescrite.

V.

Il est défendu, sous les mêmes peines, de donner des logemens à ceux qui, devant avoir des passeports, n'en seraient pas porteurs, sans en prévenir l'instant le comité de la section.

V I.

Chaque déclaration sera faite en double, sur deux feuilles séparées, non sujettes au timbre, et signée par celui qui la présentera. Dans le cas où il ne saurait signer, le commissaire de la section en fera mention sur les deux actes, ainsi que de l'affirmation faite, en sa présence par le déclarant, de la vérité de sa déclaration. L'un des doubles restera au comité de la section, et l'autre, signé du commissaire de section, sera remis au déclarant.

V I I.

Il sera procédé sans délai par la municipalité de Paris, aux vérifications, tant desdites déclarations que du recensement qui a dû être fait en 1791, en exécution de la loi du 19 juillet de la même année sur la police municipale.

V I I I.

Les dispositions du présent décret ne sont aucunement dérogatoires aux réglemens de police concernant les maîtres-d'hôtels-garnis, aubergistes et logeurs, qui seront exécutés selon leur forme et teneur.

G 4

DÉCRET concernant la nomination des commissaires de police, dans les lieux où ils seront jugés nécessaires.

Du 1er. juin, 1792.—Le 8.

ARTICLE PREMIER.

Les commissaires de police qui seront établis dans les différentes villes de la république où ils seront jugés nécessaires, conformément à la loi du 29 septembre 1791, seront élus pour deux ans, et pourront être réélus à chaque nouvelle nomination.

I I.

Les décrets concernant la forme des élections des municipalités, et qui règlent les qualités nécessaires pour exercer les droits de citoyen actif, et pour être éligible, seront suivies pour la nomination des commissaires de police, dont les fonctions sont déclarées incompatibles avec l'exercice de celles d'officier municipal, de notaire et d'avoué.

I I I.

L'élection des commissaires de police se fera au scrutin individuel et à la pluralité absolue des suffrages.

I V.

Le renouvellement en sera fait tous les deux ans, et aura lieu immédiatement après les élections des membres du corps municipal et du conseil-général de la commune; néanmoins le remplacement ou le renouvellement de ceux qui seront nommés avant la première rénovation des municipalités, qui aura lieu à la Saint-Martin de la présente année 1792, ne pourra être fait qu'à la même époque de l'année

1794, et il en sera de même de ceux qui seront nommés postérieurement; leur remplacement ne pourra avoir lieu qu'après deux années révolues, à compter du plus prochain jour de Saint-Martin qui suivra leur nomination.

V.

Les élections qui seront faites avant l'époque du renouvellement des municipalités, auront lieu dans une assemblée extraordinaire des citoyens actifs de chaque commune, qui sera convoquée d'après une délibération du conseil-général de la commune, qui en indiquera le jour, huitaine avant la tenue.

V I.

Lorsque les commissaires de police seront en fonctions, ils porteront pour marque distinctive un chaperon aux trois couleurs.

V I I.

Les commissaires de police ne pourront être révoqués dans le cours de leur exercice ; mais il pourront être destitués pour forfaiture jugée.

V I I I.

Au cas de vacance d'un ou de plusieurs commissaires de police dans les villes où il y en aura plusieurs, par mort, démission ou par une cause quelconque, dans là seconde année de leur élection, le conseil-général dela commune pourra commettre un ou plusieurs des citoyens actifs et éligibles de ladite commune, pour en exercer les fonctions jusqu'à l'époque des élections ordinaires ; et si la vacance arrive dans la première année, il y sera pourvu dans la forme indiquée dans l'article V duprésent décret.

I X.

Les commissaires de police, avant d'entrer en exercice, prêteront en présence du conseil-général de la commune, le serment civique, et celui de bien et fidèlement remplir leurs devoirs.

X.

La ville de Paris ayant reçu un régime particulier quant à ce, par la loi du 27 juin 1790, demeure exceptée du présent décret.

———

DÉCRET additionnel à celui du premier février, concernant les passeports.

Du 18 juillet, 1792. = Le 29.

ARTICLE PREMIER.

Jusqu'à ce que l'assemblée nationale ait déclaré que la patrie n'est plus en danger, il ne pourra plus être délivré de passeport pour sortir du royaume à aucun citoyen français.

Les passeports qui auront été accordés jusqu'à ce jour, pour sortir de la France, et dont il n'aurait pas été fait usage, sont déclarés nuls.

I I.

Il pourra néanmoins être délivré des passeports conformément au décret du 1er. février dernier, à ceux qui ont une mission du gouvernement, et à leur suite, qui ne pourra être composée que d'un secretaire et de deux domestiques, de leurs femmes et enfans, les uns et les autres connus pour tels; aux gens de mer, aux négocians et à leurs facteurs, notoirement connus pour être dans l'usage de faire, à raison de leur commerce ou de leurs affaires, des voyages

chez l'étranger, ainsi qu'aux cultivateurs pour l'exploitation de leurs héritages et la vente de leurs denrées.

I I I.

Les passeports continueront d'être
successivement délivrés par les municipalités, et les ministres n'en pourront
délivrer aux citoyens qui se présenteront devant eux pour en obtenir, qu'en
visant dans celui qu'ils donneront, celui
délivré par la municipalité.

I V.

Les préposés des douanes sont, ainsi
que les gendarmes nationaux, gardes
nationales et troupes de ligne, chargés
d'exiger des voyageurs la représentation
de leurs passeports.

V.

Ceux qui, sans passeports, ou en vertu
de passeports pris sous des noms sup-

posés, seraient convaincus d'être sortis de la France , seront réputés émigrés, et comme tels soumis aux dispositions des lois rendues contre les émigrés.

V I.

Les difficultés qui pourraient s'élever sur la validité des passeports ou sur le refus d'en délivrer conformément aux dispositions de l'article II ci-dessus, seront décidées administrativement par les directoires de département, sur l'avis des directoires de district.

———

DÉCRET sur la police de sûreté générale.

Du 11 août 1792 (v. st.)

ARTICLE PREMIER.

Les municipalités sont spécialement chargées des fonctions de la police de sûreté générale, pour la recherche des crimes qui compromettent, soit la sûreté extérieure, soit la sûreté intérieure de l'état ; et dont l'accusation est réservée à l'assemblée nationale.

I I.

Tous ceux qui auront connaissance d'un délit de la qualité portée en l'article précédent, seront tenus d'en donner avis sur-le-champ à la municipalité, et de faire à son secrétariat la remise de toutes les pièces et renseignemens qui y seront relatifs.

I I I.

La municipalité fera, sans délai, toutes les informations nécessaires pour s'assurer du corps du délit, et de la personne des prévenus, s'il y a lieu.

I V.

Dans le cas où un mandat d'arrêt serait décerné contre un ou plusieurs prévenu , la municipalité fera, dans les vingt-quatre heures, passer au directoire du district, une expédition des pièces , procès-verbaux , ou interrogatoires qui auront déterminé le mandat , et le récépissé lui en sera délivré sans frais.

V.

Dans les vingt-quatre heures suivantes, le directoire du district fera passer le tout au directoire du département , avec les notes et renseignemens qu'il sera en état de fournir ; il s'en fera pareillement délivrer , sans frais, un récépissé.

V I.

Le directoire du département, dans le même délai de vingt-quatre heures, sera tenu d'adresser à l'assemblée nationale une expédition de toutes les piéces, et y joindra les observations qu'il jugera convenables.

VII.

Le directeur du juri, le président du tribunal criminel et le tribunal de la haute-cour nationale, pourront également, dans le cas où, pendant l'instruction et le jugement des procédures dont ils seraient saisis, il se trouverait des piéces propres à établir la preuve d'un délit contre la sûreté générale, décerner des mandats d'arrêts contre les prévenus, à la charge d'adresser pareillement, dans les vingt-quatre heures, à l'assemblée nationale, une expédition des piéces d'après lesquelles ils auraient décerné lesdits mandats.

VIII.

Tout dépositaire de la force publique, et même tout citoyen actif pourra conduire devant la municipalité un homme fortement soupçonné d'être coupable d'un délit contre la sûreté générale, sauf sa responsabilité dans le cas où il aurait agi méchamment et par envie de nuire.

I X.

Les dispositions de la loi du 29 septembre, concernant l'exercice de la police de sûreté, et les formes à observer par les juges-de-paix, seront suivies par les municipalités en tout ce qui n'est pas contraire aux dispositions du présent décret.

X.

Dans le cas où on porterait devant un juge-de-paix, la dénonciation d'un crime de la qualité portée au premier article, ou devant la municipalité, celle d'un délit de la compétence des tribunaux ordinaires, ils seront tenus d'en prononcer respectivement le renvoi ; et de faire remettre à leurs greffes respectifs, les pièces dont la dénonciation pourrait être appuyée ; le tout dans les vingt-quatre-heures : et il leur sera délivré, sans frais, un récépissé desdites pièces et de la délibération en renvoi.

DÉCRET concernant la contrainte par corps.

Du 25 août 1792 (vieux style.)

L'assemblée nationale décrète que la contrainte par corps ne pourra être exercée, à compter de ce jour, pour dettes de mois de nourrices.

DÉCRET *concernant les prêtres in-sermentés*

Du 26 août 1792 (vieux style.)

ARTICLE PREMIER.

Tous les ecclésiastiques qui , étant assujettis au serment prescrit par la loi du 6 décembre 1790, et celle du 17 avril 1791 , ne l'ont pas prêté , ou qui , après l'avoir prêté , l'ont rétracté et ont persisté dans leur rétractation , seront tenus de sortir sous huit jours hors des limites du district et du département de leur résidence, et dans quinzaine hors du royaume ; ces différens délais courront du jour de la publication du présent décret.

I I.

En conséquence, chacun d'eux se

présentera devant le directoire de district ou la municipalité de sa résidence, pour y déclarer le pays étranger dans lequel il entend se retirer, et il lui sera délivré sur-le-champ un passeport qui contiendra sa déclaration, son signalement, la route qu'il doit tenir, et le délai dans lequel il doit être sorti du royaume.

I I I.

Passé le délai de quinze jours ci-devant prescrit, les ecclésiastiques non-sermentés, qui n'auraient pas obéi aux dispositions précédentes, seront déportés à la Guyanne française; les directoires des districts les feront arrêter et conduire, de brigade en brigade, aux ports de mer les plus voisins qui leur seront indiqués par le conseil-exécutif provisoire, et celui-ci donnera en conséquence des ordres pour faire équiper et approvisionner les vaisseaux nécessaires au transport desdits ecclésiastiques.

IV.

Ceux ainsi transférés, et ceux qui sortiront volontairement en exécution du présent décret, n'ayant ni pension ni revenus, obtiendront chacun trois livres par journées de dix lieues, jusqu'au lieu de leur embarquement, ou jusqu'aux frontières du royaume, pour subsister pendant leur route; ces frais seront supportés par le trésor public, et avancés par les caisses de districts.

V.

Tout ecclésiastique qui sera resté dans le royaume, après avoir fait sa déclaration de sortir, et obtenu un passeport, ou qui rentrerait après être sorti, sera condamné à la peine de détention pendant dix ans.

V I.

Tou sautres ecclésiastiques non-sermentés, séculiers et réguliers, prêtres simples, clercs minorés ou frères lais, sans
exception ni distinction, quoique n'étant
point assujetis au serment par les lois
des 26 décembre 1790, et 17 avril 1791,
seront soumis à toutes les dispositions
précédentes ; lorsque, par quelques
actes extérieurs, ils auront occasionné
des troubles venus à la connaissance
des corps administratifs , ou lorsque
leur éloignement sera demandé par
six citoyens domiciliés dans le même
département.

V I I.

Les directoires de districts seront
tenus de notifier aux ecclésiastiques
non-sermentés qui se trouveront dans
l'un ou l'autre des cas prévus par le
précédent article , copie collationnée

du

du présent décret, avec sommation d'y
obéir et s'y conformer.

VIII.

Sont exceptés des dispositions précédentes, les infirmes dont les infirmités seront constatées par un officier
de santé , qui sera nommé par le
conseil - général ; sont pareillement
exceptés les sexagénaires, dont l'âge
sera aussi duement constaté.

IX.

Tous les ecclésiastiques du même
département qui se trouvéront dans le
cas des exceptions portées par le précédent article , seront réunis au chef-
lieu du département, dans une maison
commune, dont la municipalité aura
l'inspection et la police.

X.

L'assemblée n'entend , par les dispositions précédentes, soustraire aux peines établies par le code pénal, les ecclésiastiques non - sermentés qui les auraient encourues ou pourraient les encourir par la suite.

X I.

Les directoires de districts informeront réguliérement de leurs suites et diligences aux dispositions du présent décret, les directoires de départemens qui veilleront à son entière exécution dans toute l'étendue de leur territoire, et seront eux-mêmes tenus d'en informer le conseil-exécutif provisoire.

X I I.

Les directoires de districts seront en outre tenus d'envoyer tous les quinze jours au ministre de l'intérieur, par l'intermédiaire des directoires de départemens, des états nominatifs des ecclésiastiques de leur arrondissement qui seront sortis du royaume, ou auront été déportés; et le ministre de l'intérieur sera tenu de communiquer de suite, à l'assemblée nationale, lesdits états.

DÉCRET qui fixe le traitement des juges et autres officiers du Tribunal-d'appel de la police correctionnelle à Paris.

Du 8 septembre 1792 (v. st.)

ARTICLE PREMIER.

Le ci-devant commissaire du roi et celui qui l'a remplacé auprès du tribunal d'appel de la police correctionnelle de Paris; le greffier et le commis-greffier de ce tribunal, auront un traitement égal à celui qui est affecté dans les tribunaux d'arrondissement.

H 2

I I.

Les huissiers auront chacun un traitement de douze-cents livres, et ils feront gratuitement et sans frais tous les actes et significations nécessaires pour l'instruction des affaires soumises à la décision du tribunal.

I I I.

Le département de Paris fera faire pour les menus frais du tribunal, en papiers, registres, bois, lumières, et concierges, les mêmes fonds que pour les tribunaux d'arrondissemens.

DÉCRET *portant que les municipa-*
lités ne peuvent envoyer de com-
missaires , ni exercer aucunes
fonctions municipales hors de leur
territoire

Du 14 septembre 1791 (v. st.)

ARTICLE PREMIER.

Les municipalités ne pourront donner
d'ordres , ni ehvoyer des commissaires,
ni exercer aucunes fonctions municipales , que dans leur territoire. Il est
défendu à tous corps administratifs ou
militaires , et à tous citoyens, d'obéir
à aucune réquisition qui leur serait
faite par les commissaires d'une municipalité hors l'étendue de son territoire.

I I.

Si, après la publication du présent

H 3

décret, de prétendus commissaires faisaient de pareilles réquisitions, ils seront arrêtés, et leur procès leur sera fait comme coupables d'offense et de rébellion à la loi.

Le présent décret sera envoyé sur-le-champ aux armées et aux départemens.

DÉCRET concernant les décorations municipales, visites et perquisitions domiciliaires.

Du 15 septembre 1791. (v. st.)

ARTICLE PREMIER.

Il est expressément défendu à tout citoyen de se revêtir d'une décoration décrétée pour les juges, les administrateurs, les magistrats du peuple et tous autres officiers publics, à moins qu'il n'ait le caractère requis par la loi pour pouvoir la porter.

II.

Tout citoyen qui sera trouvé revêtu d'une décoration qu'il ne sera point autorisé par la loi à porter, sera puni de deux années de fers.

III.

Si le citoyen trouvé revêtu d'une décoration qu'il n'a pas le droit de porter, est convaincu d'avoir fait des actes d'autorité que l'officier public a seul le droit de faire, il sera puni de mort.

IV.

Tous commissaires de municipalité ou de comités de sections, chargés de faire des visites, perquisitions ou actes d'autorité publique dans les maisons, seront munis de deux expéditions de l'acte qui constitue leur pouvoir spécial, et tenus d'en remettre une au citoyen chez lequel ils feront lesdites visites et perquisitions.

V.

Lorsque les visites, perquisitions ou actes d'autorité se feront en exécution d'une loi particulière, d'une délibération légale, dans toute l'étendue d'une commune, les commissaires ne seront tenus d'exhiber leurs pouvoirs, et de les faire connaître qu'aux citoyens qui les demanderont.

———

DÉCRET concernant les ecclésiastiques non-sermentés qui sortiront de France.

Du 17 septembre 1792 (v. st.)

ARTICLE PREMIER.

A compter du jour de la publication

du présent décret, les ecclésiastiques qui sortiront du territoire français, en exécution de l'article Ier. de la loi du 26 août dernier, ne pourront se rendre dans aucun pays actuellement en guerre avec la France.

II.

Les corps administratifs et municipalités auxquels se présenteraient des ecclésiastiques munis de passeports pour les pays ennemis, sont autorisés à les arrêter, et tenus de leur donner de nouveaux passeports.

III.

Dans le cas où ces ecclésiastiques refuseraient de changer le lieu de leur retraite, ils seront traités conformément aux dispositions portées en l'article 3 de la loi du 26 août.

IV.

Le pouvoir-exécutif est spécialement

H 5

chargé de donner sur-le-champ les ordres nécessaires à l'exécution du présent décret.

DÉCRET contenant diverses mesures de police particulières à la ville de Paris.

Du 19 Septembre 1792 (v. st.)

ARTICLE PREMIER.

Les citoyens domiciliés à Paris depuis plus de huit jours, seront tenus, dans le délai de vingt-quatre heures après la publication du présent décret, de se faire enregistrer dans la section de leur domicile.

I I.

Ils seront également tenus de déclarer le lieu de leur habitation ordinaire, l'époque de leur arrivée à Paris, les divers changemens de leur domicile à Paris, et leur occupation journalière. Le registre contiendra à chaque article une énonciation sommaire desdites déclarations.

III.

Il sera délivré à chaque citoyen un extrait de cet enregistrement, sur une carte signée par le président et les secrétaires de la section.

IV.

Les citoyens seront tenus de présenter leur carte civique à la première réquisition des officiers de police et des commandans de la force armée.

V.

Tout citoyen qui ne pourra pas représenter sa carte, sera conduit à la section dont il se réclamera; et s'il n'est pas reconnu par elle, il pourra

N 6

être détenu dans une maison d'arrêt pendant l'espace de trois mois.

V I.

Ceux qui auront fait de fausses déclarations, ou qui seront surpris avec de fausses cartes, pourront être détenus pendant l'espace de six mois.

V I I.

Les étrangers arrivant à Paris, seront tenus de faire, dans les vingt-quatre heures de leur arrivée, la déclaration prescrite par l'article II, et de se conformer aux dispositions du présent décret. Les personnes qui les logeront seront personnellement responsables de l'exécution du présent article, sous peine d'une amende qui pourra être portée au double de leur contribution mobiliaire.

V I I I.

En cas de changement de domicile

les citoyens seront tenus dans le même délai, de se faire inscrire dans la section où ils prendront leur nouveau domicile, et dans le cas où ils ne sortiraient pas de l'arrondissement de la même section, de faire énoncer sur l'article du registre qui les concerne, l'indication de leur nouvelle habitation.

IX.

Il sera procédé à la réélection de tous les membres composant la municipalité de Paris et le conseil général de la commune, dans les formes et suivant le mode prescrit par la loi du mois de mai 1790.

X.

Ces élections seront commencées dans le délai de trois jours après la publication de la loi, et continuées sans interruption.

X I.

Il sera procédé dans chaque section, et dans les mêmes délais, à l'élection d'un commissaire de police, conformément à la même loi. Ces commissaires seront tenus de se conformer dans l'exercice de leurs fonctions, aux dispositions de cette loi; et ils ne pourront envoyer dans une maison d'arrêt les personnes domiciliées et arrêtées en flagrant-délit, sans avoir la signature de deux commissaires de leur section.

X I I.

La municipalité de Paris se conformera aux dispositions de la loi du mois d'août dernier, sur la police de sûreté générale.

X I I I.

Les mandats d'arrêt, dans le cas où la loi lui permet de les décerner, se-

ront délibérés et signés par le maire
et quatre officiers municipaux.

XIV.

La municipalité sera tenue de donner
connaissance à l'assemblée nationale,
dans le délai de trois jours après la
prononciation de chaque mandat d'arrêt, des motifs qui l'auront déterminée,
et des informations qui auront été faites.

XV.

L'accusateur public près le tribunal
criminel établi à Paris, en vertu de
la loi du 17 août dernier, est spécialement chargé de la poursuite de
tous ceux qui ordonneront ou signeront
des arrestations arbitraires.

XVI.

Le ministre de la justice est aussi
spécialement chargé de surveiller l'exécution du présent article, et d'enjoin-

dre à l'accusateur public de poursuivre les auteurs de semblables arrestations, s'il négligeait de le faire.

XVII.

Indépendamment de la peine de six années de gêne portée au code pénal, contre les auteurs d'une arrestation arbitraire, les signataires d'un pareil ordre, et ceux des fonctionnaires publics chargés de les poursuivre, et qui auront négligé de le faire, seront condamnés solidairement aux intérêts civils dus aux personnes ainsi arbitrairement détenues.

XVIII.

L'asyle du citoyen est déclaré inviolable, même au nom de la loi, durant la nuit : en conséquence, nulle perquisition ne pourra être faite dans la maison d'un citoyen, d'un soleil à l'autre, hors le cas d'un coupable surpris et poursuivi en flagrant délit.

X I X.

Hors le cas prévu par l'article précédent, tout citoyen dont on voudrait violer l'asyle, est autorisé à résister à une telle violence, par tous les moyens qui sont en son pouvoir ; et les auteurs d'une pareille tentative seront poursuivis à la requête de l'accusateur public, comme coupable d'attentat à la liberté individuelle.

X X.

Dans les villes où le corps législatif tiendra ses séances, l'ordre pour faire sonner le tocsin et tirer le canon d'alarme, ne pourra être donné sans un décret du corps législatif. En cas de contravention au présent article, ceux qui auront donné cet ordre, ou qui auront sonné le tocsin et tiré le canon d'alarme, sans ordre, seront punis de mort.

CONVENTION NATIONALE.

DÉCRET concernant les passeports.

Du 7 septembre 1791 (v. st.)

LA convention nationale, après avoir entendu le rapport de son comité de législation, décrète que les personnes non comprises dans l'article II de la loi du 29 juillet dernier, qui seraient dans la nécessité de sortir du territoire de la république pour leurs intérêts, ou pour leurs affaires, s'adresseront aux directoires de département dans le territoire desquels elles sont domiciliées, qui pourront, s'ils jugent les causes légitimes et suffisamment vérifiées, leur accorder des passeports dans les formes décrétées par les loix, après avoir préalablement pris l'avis des directoires des districts et des conseils-généraux des communes, et dans le cas seulement où les conseils-généraux des communes et les directoires de district approuveraient la demande des passeports et en trouveraient les motifs légitimes.

DÉCRET sur la police des ventes de meubles faites pour le compte de la nation.

Du 1 janvier 1793 (v. st.)

ARTICLE PREMIER.

Les citoyens préposés par les directoires de district, et à Paris par le directoire de département, pour la vente du mobilier provenant des émigrés, de la liste civile et autres meubles nationaux, ainsi que les commissaires choisis par les municipalités pour assister auxdites ventes, ne pourront s'immiscer directement ni indirectement dans l'achat, ni accepter aucune rétrocession de ceux desdits meubles dont la vente leur est commise, sous peine d'être réputés voleurs d'effets publics, et poursuivis comme tels.

I I.

Toutes personnes qui donneront ou recevront de l'argent, ou qui useront de menaces pour arrêter le cours des enchères, seront également poursuivies comme voleurs d'effets publics, et punies comme tels.

I I I.

Pour la vente des meubles dont l'estimation ou la première enchère surpasserait la somme de cent livres, il sera allumé des feux, et la délivrance n'en sera faite qu'à l'extinction du dernier feu sans enchère. Les préposés aux ventes, et commissaires qui contreviendront à la présente disposition, seront condamnés à cinq cents livres d'amende pour chaque contravention, et les ventes pourront être annulées.

I V.

Lorsqu'il ne se présentera pas un nombre suffisant d'enchérisseurs, ou lorsque les effets resteront évidemment au-dessous de leur valeur, les préposés et commissaires seront tenus de surseoir à la vente, à la charge d'en donner sur-le-champ avis à la municipalité, et d'en référer au directoire du district, et à Paris au directoire du département, lesquels prendront les mesures ultérieures et définitives.

V.

Les peines encourues pour contravention aux articles 1 et 2 de la présente loi, seront poursuivies par-devant le tribunal criminel, à la requête de l'accusateur public; et celles pour contravention à l'article 3, par-devant le tribunal de *police correctionnelle*, à la requête du procureur-syndic du district, et pour Paris à la requête du procureur-général-syndic du département.

DÉCRET *concernant les pièces de théâtre.*

Du 12 janvier 1793. (v. st.)

Sur la lecture donnée d'une lettre du maire de Paris . . . . .

La convention nationale passe à l'ordre du jour, motivé sur ce qu'il n'y a point de lois qui autorise les corps municipaux à censurer les pièces de théâtre.

Autre DÉCRET sur le même sujet.

Du 16 janvier 1793. (v. st.)

La convention nationale casse l'arrêté du conseil-exécutif provisoire, en ce que l'injonction faite aux directeurs des différens théâtres blesse les principes, et est contraire à l'article 6 du décret du 13 janvier 1791, qui porte que les entrepreneurs ne recevront des ordres que des officiers municipaux, qui ne pourront pas arrêter ni défendre la représentation d'aucune pièce, sur la responsabilité des auteurs et des comédiens.

DÉCRET concernant les maisons de détention.

Du 31 janvier 1793 (v. st.)

Il est enjoint aux corps administratifs

et municipaux de veiller à l'exécution des lois concernant les maisons de justice, d'arrêt et de correction, et de les faire disposer de manière à les rendre sûres et saines, et que la santé des prisonniers n'y soit point altérée.

DÉCRET qui accorde une récompense à ceux qui découvriront ou feront arrêter des émigrés, ou prêtres déportés.

Du 14 février 1793 (v. st.)

La convention nationale décrète qu'il sera accordé, à titre d'indemnité et de récompense, la somme de cent livres à quiconque découvrira et fera arrêter une personne rangée par la loi dans la classe des émigrés ou dans la classe des prêtres qui doivent être déportés. Autorise les commissaires par elle envoyés dans les différens départemens de la république de la république, à suspendre les fonctionnairs publics qui n'ont pas fait exécuter ponctuellement les lois relatives aux émigrés et aux prêtres dont la déportation devait être faite.

DÉCRET concernant les juges du tribunal d'appel de la police correctionnelle à Paris.

Du 15 février 1793 (v. st.)

ARTICLE PREMIER.

Les juges suppléans qui auront fait ou feront un service habituel près le tribunal d'appel de police correctionnelle de Paris, recevront, à raison de leur service, un traitement annuel de quatre mille livres, qui est celui fixé pour les juges des tribunaux d'arrondissement.

II

Les suppléans qui remplaceront ou

Tome I. Iere. Partie.   I

auront remplacé habituellement et nécessairement dans les tribunaux d'arrondissement, les juges désignés pour le tribunal d'appel, auront un traitement égal à celui de ces juges des tribunaux, en raison de leurs assistances, constatées par les feuilles d'audience.

I I I.

Le greffier du tribunal d'appel de police correctionnelle de Paris aura, comme le greffier de première instance, un traitement annuel de trois mille liv.; celui des deux commis-greffiers sera pour chacun, de la moitié de cette somme; dérogeant quant à ce, à l'article Ier. du décret du 8 septembre dernier.

I V.

Au moyen de ces traitemens, les greffiers et commis-greffiers ne pourront exiger aucuns droits, sauf les déboursés pour les expéditions.

Nouveau DÉCRET concernant les passeports.

Du 26 février 1793 (v. st.)

La convention nationale considérant qu'il est de la plus grande importance de prendre sur-le-champ des mesures pour mettre les autorités constituées en état de connaître, de faire arrêter et punir les malveillans qui circulent dans différentes parties de la république et excitent à la violation des loix : et pour empêcher, autant qu'il est possible, toute intelligence criminelle avec les ennemis du dehors, décrète que les lois des 28 mars, 29 juillet et 7 décembre 1772, relatives aux passeports pour les personnes, seront exécutées jusqu'à ce qu'il en ait été autrement ordonné, et abroge toutes dispositions contraires au présent décret.

I 2

DÉCRET concernant les déclara-
tions à faire par tous proprié-
taires, locataires et concierges,
des étrangers logés chez eux ou
avec eux.

Du 26 février 1793 (v. st.)

ARTICLE PREMIER.

Tous citoyens de la république,
propriétaires, locataires, sous-loca-
taires, concierges ou autres, jouissant,
à quelque titre que ce soit, de maisons
ou portions de maisons, et qui les ont
louées ou sous-louées en tout ou partie,
ou même remis gratuitement à des personnes non inscrites sur le rôle des habitans du lieu, seront tenues de déclarer
dans leurs municipalités, aux sections,
vingt-quatre heures après la promulgation de la présente loi, les noms, qualités

et domiciles ordinaires desdits étrangers logés chez eux ou avec eux.

Pour s'assurer de la sincérité desdites déclarations, elles seront dans les vingt-quatre heures suivantes affichées à la porte principale du lieu où se tiennent les séances, soit de la municipalité, soit de la section, avec invitation à tous les citoyens de dénoncer les omissions et imperfections qu'ils pourront découvrir dans les listes.

I I.

Les mêmes déclarations auront lieu jusqu'à ce qu'il en ait été autrement ordonné, à l'égard de ceux qui recevront par la suite aucun étranger, aux mêmes titres que ci-dessus.

I I I.

A défaut de faire ces déclarations, ceux qui y sont assujettis par les articles précédens, seront punis d'un emprisonnement qui ne pourra être moindre d'un mois ni en excéder trois, hors néanmoins le cas ci-après expliqué.

I V.

Toute personne qui aura recélé ou caché, moyennant salaire ou gratuitement, une autre personne assujetie aux loix de l'émigration ou de la déportation, sera punie de six ans de fers.

V.

Il est enjoint aux corps administratifs de tenir sévèrement la main à ce que les gardiens des maisons des émigrés n'en transmettent, même momentanément, l'usage à qui que ce soit, sous peine de destitution, et sans préjudice des plus fortes peines portées par les articles précédens, dans le cas où ils les auraient encourues.

DÉCRET additionnel à celui du 26 de ce mois, relatif aux passe-[ports.

Du 28 février 1793, (v. st.)

ARTICLE PREMIER.

Tous citoyens absens de leur domiciles, non munis de passeports postérieurs au mois d'août dernier, et qui se trouvent actuellement dans des villes chef-lieux de départemens et de districts ou de tribunaux, seront tenus, sous les peines portées par la loi du 28 mars 1792, de se présenter dans les vingt-quatre heures qui suivront la promulgation de la présente loi, soit à la municipalité, soit au comité de la section dans l'étendue de laquelle ils se trouvent résider momentanément, pour y faire prendre leurs signalemens,

I 4

et y déclarer leurs noms, âges, professions et demeures.

Cette déclaration signée par la partie si elle le sait faire, et certifiée soit par le citoyen dont le déclarant tiendra son logement, soit à son défaut par deux autres citoyens connus, sera remise au déclarant, et lui tiendra lieu pour cette fois de passeport, et d'assurance pour sa liberté individuelle, en se conformant aux loix.

II.

Cette disposition aura également lieu pour tous citoyens qui ayant actuellement quitté leurs domiciles sans passeports postérieurs au mois d'août dernier, se trouveront soit en des lieux autres que ceux ci-dessus désignés, soit en voyage ou tournée.

Néanmoins et à leur égard, le délai de la déclaration à faire devant la municipalité du lieu où ils se trouveront, sera de trois jours à dater de la promulgation de la présente loi.

DÉCRET qui abolit la contrainte-par-corps

Du 9 mars 1793, (v. st.)

La convention nationale décrete que les citoyens détenus pour dettes seront mis en liberté, et déclare que la contrainte-par-corps est abolie.

DÉCRET d'exception à celui ci-dessus.

Du 30 mars 1793. (v. st.)

Les comptables qui ont eu ou ont actuellement le maniement des deniers appartenans à la république française, les fournisseurs qui ont reçu des avances du trésor public et autres ses dé-

I 5.

biteurs directs, sont et demeurent exceptés de l'abolition de la contrainte par-corps, et seront poursuivis, même par cette voie, pour l'exécution de leurs engagemens.

DÉCRET pour l'arrestation des émigrés et prêtres déportés.

Du 18 mars 1793, (v. st.)

ARTICLE PREMIER.

Huitaine après la publication du présent décret, tout citoyen est tenu de dénoncer, arrêter ou faire arrêter les émigrés et les prêtres dans le cas de la déportation, qu'il saura être sur le territoire de la république.

II.

Les émigrés et les prêtres, dans le cas de déportation, qui auront été arrêtés dans le délai ci-dessus fixé,

seront conduits de suite dans les pri-
sons du district, jugés par un juri militaire, et punis de mort dans les vingt-
quatre heures.

———————

DÉCRET *pour l'établissement d'un
comité de surveillance en chaque
commune, et qui détermine ses
fonctions.*

Du 21 mars 1793, (v. st.)

ARTICLE PREMIER.

Il sera formé dans chaque commune
de la république, et dans chaque section
de communes divisées en sections, à
l'heure qui sera indiquée à l'avance par
le conseil-général, un comité composé
de douze citoyens.

I I.

Les membres de ce comité qui ne
pourront être choisis ni parmi les

16

ecclésiastiques, ni parmi les ci-devant nobles, ni parmi les ci-devant seigneurs de l'endroit et les agens de ci-devant seigneurs, seront nommés au scrutin, et à la pluralité des suffrages.

I I I.

Il faudra pour chaque nomination, autant de fois *cent votans*, que la commune ou section de commune contiendra de fois mille ames de population.

I V.

Le comité de la commune, ou chacun des comités des sections de communes, sera chargé de recevoir pour son arrondissement les déclarations de tous les étrangers actuellement résidens dans la commune, ou qui pourront y arriver.

V.

Ces déclarations contiendront les noms, âge, profession, lieu de naissance et moyens d'exister du déclarant.

V I.

Elles seront faites dans les huit jours
après la publication du présent décret;
le tableau en sera affiché et imprimé.

V I I.

Tout étranger qui aura refusé ou
négligé de faire sa déclaration devant
le comité de la commue ou de la section sur laquelle il résidera, dans le
délai ci-dessus prescrit, sera tenu de
sortir de la commune sous vingt-quatre
heures, et sous huit jours du territoire de la république.

V I I I.

Tout étranger né dans les pays avec
le gouvernement desquels les Français
sont en guerre, qui, en faisant sa déclaration, ne pourra pas justifier devant
le comité, ou d'un établissement formé

en France, ou d'une profession qu'il y exerce, ou d'une propriété immobiliaire acquise, ou de ses sentimens civiques, par l'attestation de six citoyens domiciliés depuis un an dans la commune, ou dans la section si la commune est divisée en sections, sera également tenu de sortir de la commune sous vingt-quatre heures, et sous huit jours du territoire de la république : dans le cas contraire, il lui sera délivré un certificat d'autorisation de résidence.

I X.

Les étrangers qui n'auront pas en France de propriété, ou qui n'y exerceront pas une profession utile, seront tenus sous les peines y portées, outre les certificats de six citoyens de donner caution jusqu'à concurrence de la moitié de leur fortune présumée.

X

Tous ceux que la disposition des précédens articles, excluerait du territoire français, et qui n'en seraient pas sortis au délai fixé, seront condamnés à dix ans de fers, et poursuivis par l'accusateur public du lieu de leur résidence.

X I.

Les déclarations faites devant le comité seront, en cas de contestations, soit sur lesdites déclarations, soit sur la décision, portées devant le conseil-général ou devant l'assemblée de la section, qui statueront sommairement et définitivement ; et à cet effet, lorsque le conseil ou les sections d'une commune suspendront leur séance, il sera préalablement indiqué sur le registre, l'heure à laquelle le retour de la séance sera fixé.

X I I.

Hors les cas de convocation extraordinaire, desquels l'objet, la nécessité ou la forme seront constatés sur le registre, toute délibération arrêtée dans l'intervalle de suspension des séances, est annullée par le fait; le président et le secrétaire qui l'auront signée, seront poursuivis devant le tribunal de police correctionnelle, et condamnés à trois mois de détention.

X I I I.

Tout étranger saisi dans une émeute, ou qui serait convaincu de l'avoir provoquée ou entretenue par voie d'argent ou de conseil, sera puni de mort.

DECRET concernant les cartes civiques.

Du 11 mars 1793, (v. st.)

Tout citoyen ou fils de citoyen, âgé de dix-huit ans et au-dessus, sera tenu, huitaine après la publication de la présente loi, de justifier devant le conseil-général de sa commune, ou au comité des douze de sa section, 1º du lieu de sa naissance, 2º. de ses moyens d'exister, 3º. de l'acquit de ses devoirs civiques; après quoi, et sur l'attestation de quatre citoyens domiciliés depuis un an dans la commune ou dans la section, il lui sera délivré une nouvelle carte civique.

DÉCRET *pour le désarmement des gens suspects.*

Du 26 mars 1793, (v. st.)

La convention nationale décrete :

ARTICLE PREMIER.

Que les ci-devant nobles, les ci-devant seigneurs, autres que ceux qui sont employés dans les armées de la république, ou comme fonctionnaires publics, civils et militaires, les prêtres, autres que les évêques, curés et vicaires, et autres que ceux qui sont employés dans les troupes de la république, seront désarmés, ainsi que les agens, domestiques desdits ci-devant nobles, ci-devant seigneurs et prêtres.

II.

Les conseils-généraux des communes pourront faire désarmer les autres personnes reconnues suspectes; à défaut des conseils-généraux des communes, les directoires de district ou de département pourront ordonner ce désarmement.

I I I.

Les conseils-généraux des communes, ou à leur défaut, les autres corps administratifs, prendront, selon les localités, toutes les mesures convenables pour que ce désarmement ait lieu sans troubler la tranquillité publique, et pour que les personnes et les propriétés soient respectées. Le désarmement ne pourra avoir lieu de nuit.

I V.

Il sera fait des états des armes : elles seront provisoirement déposées dans chaque commune, dans des lieux sûrs, indiqués par le corps administratif qui aura fait procéder à ce désarmement, et il en sera disposé suivant les besoins de la république.

V.

Les personnes désignées par la présente loi, et reconnues comme suspectes, qui, après avoir été désarmées, seront trouvées saisies de nouvelles armes, seront de nouveau désarmées, et punies de six mois de détention.

V I.

Ceux qui seront convaincus d'avoir recelé des armes appartenant aux personnes dont le désarmement a été décrété par l'article premier, seront punis de trois mois de détention.

DÉCRET qui prescrit l'envoi à la convention, des noms et qualités des contre-révolutionnaires arrêtés dans les départemens.

Du 28 mars 1793.

La convention nationale décrete que

lors de l'arrestation des-contre-révolutionnaires, les corps administratifs des lieux où ils seront détenus seront astreints à faire passer à la convention les noms, sur-noms et qualifications des principaux personnages.

Extrait de DÉCRET *pour prévenir et punir la désertion et la vente des armes.*

Du 28 mars 1793, (v. st.)

ARTICLE CINQUIÈME.

Il est défendu à tout soldat de vendre ses armes ou son équipement, et à toutes personnes de les acheter. Les armes et équipemens achetés en contravention à la loi, seront confisqués et portés aux arsénaux ou autres dépôts d'armes, pour être distribués aux troupes de la république. Le vendeur sera renvoyé à la police correctionnelle; pour être puni de la peine d'enprisonnement, aux termes du code de la police, Les acheteurs, entremetteurs et complices desdits achats, y seront pareillement renvoyés, pour être punis par une amende qui ne pourra excéder 3000 livres, outre la peine d'emprisonnement, aux termes du code de la police.

DÉCRET concernant les recélés, divertissemens et détériorations des biens d'émigrés.
(*Extrait du décret général sur les émigrés*).

Du 28 mars 1793 (v. st.)

SECTION VIII.

ARTICLE PREMIER.

Ceux qui auront enlevé, diverti, ou recélé des titres, de l'argent, des assignats, ou des effets appartenans aux émigrés, seront poursuivis et punis comme voleurs d'effets publics.

I I.

Ceux qui troubleront les administrateurs nationaux, ou les acquéreurs des biens des émigrés, dans leur administration ou acquisition, qui feront enlever des fruits, et qui commettront des dégradations dans les biens des émigrés vendus ou à vendre, seront punis des peines prononcées par la loi de police correctionnelle.

I I I.

Ceux qui auront nui à la vente des biens des émigrés, par des voies de faits ou des menaces, seront punis de quatre années de fers, et seront en outre responsables, sur tous leurs biens présens ou futurs, des torts que leur délit aura occasionné à la république.

DECRET *concernant les contestations d'entre les voyageurs et les maîtres de poste.*

Du 19 mars 1793.

En cas d'abandon du service par quelques maîtres de poste, il sera pourvu, à leur frais, à leur remplacement. (Art. 2.)

Ceux qui auront exigé des voyageurs au-delà du prix fixé, seront tenus de restituer le trop perçu. La connaissance en est attribuée aux municipalités et aux juges-de-paix concurremment. (Art. 3.)

DÉCRET qui ordonne que les noms des citoyens seront affichés à la porte des maisons qu'ils habitent.

Du 29 mars 1793, (v. st.)

ARTICLE PREMIER.

Dans trois jours de la promulgation de la présente loi, tous propriétaires, principaux locataires, concierges, agens, fermiers, régisseurs, portiers, logeurs ou hôteliers des maisons et de toutes les habitations dans le territoire de la république, seront tenus d'afficher à l'extérieur desdites maisons, fermes et habitations, dans un endroit apparent et en caractères bien lisibles, les noms, prénoms, surnoms, âges et professions de tous les individus résidans actuellement ou habituellement dans lesdites maisons, fermes ou habitations.

Tome I. Iere Partie. K

I I.

Lesdites affiches seront renouvelées
toutes les fois qu'il y aura mutation
d'individus, ou détérioration de l'af-
fiche.

I I I.

Dans toutes les villes et lieux de la
république, d'une population de dix
mille ames et au-dessus, les copies
des affiches certifiées des propriétaires,
principaux locataires, fermiers, concierges ou portiers, seront par eux
remises aux comités des communes ou
sections de communes; ils en tireront
récépissé.

I V.

Dans le cas de négligence ou d'infidélité dans l'exécution de la présente
loi, les délinquans seront punis d'un
emprisonnement qui ne pourra être
moindre d'un mois, ni excéder six
mois. Ils seront condamnés en outre

à une amende égale au double du montant de leur contribution; les propriétaires, principaux locataires et tous chefs de maisons, seront responsables de la négligence ou de l'infidélité de leurs agens.

V.

Il n'est aucunement dérogé à l'exécution de la loi du 26 février dernier, concernant les déclarations à faire des noms et qualités des étrangers résidens dans le territoire de la république.

DÉCRET concernant les provocateurs au meurtre et au pillage.

Du 29 mars 1793, (v. st.)

La convention nationale décrete que ceux qui provoqueront par leurs écrits le meurtre et la violation des propriétés, seront punis, savoir : 1°. de la peine de mort, lorsque le délit aura suivi

K 2

la provocation. 2º. De la peine de six ans de fers, l'orsque le délit ne l'aura point suivi.

DÉCRET concernant les auteurs et colporteurs d'écrits contre-révolutionnaires.

Du 29 mars 1793, (v. st.)

ARTICLE PREMIER.

Quiconque sera convaincu d'avoir composé ou imprimé des ouvrages, ou écrits qui provoquent la dissolution de la représentation nationale, le rétablissement de la royauté ou de tout autre pouvoir attentatoire à la souveraineté du peuple, sera traduit au tribunal extraordinaire et puni de mort.

I I.

Les vendeurs, distributeurs et colporteurs des ouvrages ou écrits, seront condamnés à une détention qui ne pourra excéder trois mois, s'ils déclarent les auteurs, imprimeurs, ou autres personnes, de qui ils les tiennent. S'ils refusent cette déclaration, ils seront punis de deux années de fers.

DÉCRET *sur la surveillance des spectacles.*

Du 31 mars 1793, (v. st.)

La convention nationale charge son comité d'instruction publique de lui faire incessamment un rapport sur la surveillance à exercer sur les théâtres et autres spectacles publics, et sur les faits particuliers dénoncés par un de ses membres, que la tragédie dite de *mérope* est affichée pour être jouée ce soir sur un des théâtres de Paris; charge la municipalité de donner les ordres né-

K 3

cessaires pour empêcher la représentation de cette pièce.

DÉCRET qui ordonne l'arrestation de tous les individus de la famille des Bourbons.

Du 6 avril 1793 (v. st.)

La convention nationale décrète que tous les individus de la famille des Bourbons seront mis en état d'arrestation.

Ceux de la famille ci-devant royale, détenus au Temple, continueront d'y rester prisonniers,

---

DÉCRET *qui prohibe la vente du numéraire.*

Du 11 avril 1763 (v. st.)

ARTICLE PREMIER.

A compter de la publication du présent décret; la vente du numéraire de la république, dans toute l'étendue du territoire français, ou occupé par les armées françaises, est défendue, sous peine de six années de fers, contre les personnes qui en acheteront ou en vendront.

II.

Aucuns achats, ventes, traités, conventions ou transactions ne pourront désormais contenir d'obligations autrement qu'en assignats. Ceux qui seront convaincus d'avoir arrêté ou proposé différens prix d'après le paiement en numéraire ou en assignats, seront pa-

K 4

reillement condamnés en six années de fers, sans néanmoins, interdire à ceux qui ont du numéraire, la faculté d'en faire usage dans leurs paiemens au pair des assignats.

DÉCRET concernant les cartes des députés à la convention.

Du 11 avril 1793 (v. st.).

La convention nationale décrète qu'aucuns de ses membres ne pourront être arrêtés, lorsqu'ils seront munis de leur carte de député, si ce n'est pour crime, et lorsqu'ils seront pris en flagrant délit.

Autre DÉCRET sur le même sujet.

Du 31 octobre 1792 (v. st.)

La convention nationale, sur la pétition du citoyen Goret, qui expose que le juge-de-paix auquel il a présenté plainte contre le citoyen Pahis, membre de la convention nationale, a constamment refusé de la recevoir et d'y donner suite, faute d'y être autorisé par un décret, passe à l'ordre du jour, motivé sur ce que le juge-de-paix a dû recevoir la plainte, et y donner suite jusqu'au mandat d'amener exclusivement; sauf à rendre compte de l'affaire à la convention nationale, avant de donner le mandat d'amener, s'il y a lieu de le prononcer.

DÉCRET concernant la déportation ou réclusion des ecclésiastiques.

Du 23 avril 1763 (v. st.)

ARTICLE PREMIER.

Tous les ecclésiastiques séculiers, réguliers, frères convers et lais, qui

K 5

n'ont pas prêté le serment de maintenir la liberté et l'égalité , conformément à la loi du 15 août 1792 , seront embarqués et transférés sans délai à la Guyane française.

I I.

Seront sujets à la même peine ceux qui seront dénoncés pour cause d'incivisme, par six citoyens dans le canton. La dénonciation sera jugée par les directoires de département, sur l'avis des districts.

I I I.

Le serment qui aurait été prêté postérieurement au 28 mars dernier , est déclaré comme non avenu.

I V.

Les vieillards âgés de plus de 60 ans , les infirmes et caducs , seront renfermés , sous huitaine , dans une maison particulière , dans le chef-lieu du département.

V.

Ceux des déportés en exécution des articles 1 et 2 ci-dessus, qui rentreraient sur le territoire de la république, seront punis de mort dans vingt-quatre heures.

V I.

Les évêques , curés et vicaires élus par le peuple, ou conservés dans leurs places au moyen de la prestation du serment exigé par la loi ; les professeurs, les ecclésiastiques appelés aux fonctions administratives et les aumôniers des régimens et bataillons actuellement aux armées où casernes, ne sont pas compris dans le présent décret.

K 6

Extrait de DÉCRET contenant diverses mesures de police, relatives aux ventes et adjudications des biens nationaux.

Du 24 avril 1793 (v. st.)

ARTICLE DIXIÈME.

Les commissaires de départemens et de districts, chargés de faire procéder aux ventes et locations des biens nationaux et autres, régis ou ve.....s pour le compte de la nation, sont tenus de veiller à la police du lieu où les ventes se font, et à ce que toutes personnes ayant les qualités requises aux termes des précédens décrets, soient libres de faire mises ou enchères ; sous peine de répondre pe onnellement des fraudes et abus qui se commettraient, ou d'être réputés complices.

X I.

Tous ceux qui troubleraient la liberté des enchères par des injures ou des menaces, seront punis d'une amende qui ne pourra être au-dessous de 50 liv. et d'un emprisonnement qui ne pourra être au-dessous de quinze jours : ces peines pourront être portées à une amende de 500 livres , et à un emprisonnement d'un an , suivant la gravité des circonstances,

X I I.

Ceux qui troubleraient la liberté des enchères ou empêcheraient que les adjudications ne s'élevassent à leur véritable valeur, soit par offres d'argent ou par des conventions frauduleuses, soit par des violences ou voies-de-fait exercées avant , pendant, ou à l'occasion des enchères , seront poursuivis et punis d'une amende qui ne pourra être au-dessous de 500 liv.»

et d'un emprisonnement qui ne pourra être moindre de six mois. Ces peines pourront être portées à une amende de dix mille livres, et à deux années de détention, suivant la gravité des circonstances, elles seront prononcées, ainsi que celles portées en l'article précédent, par voie de police correctionnelle.

X I I I.

Les commissaires et les préposés aux ventes, ainsi que tous gardiens et dépositaires des meubles et effets mobiliers appartenans à la nation ou provenans des émigrés, qui commettraient des soustractions, divertissemens, échanges ou remplacemens, pour quelque cause que ce soit, seront poursuivis et punis des peines portées au code pénal contre les voleurs d'effets publics; l'instruction de leur procès sera portée devant le tribunal criminel.

XIV.

Les commissaires des départemens
et des districts useront, au besoin,
de la faculté qui leur est accordée par
les lois, de réquérir la force armée ;
ils pourront même faire mettre en état
d'arrestation ceux qui troubleraient
leurs opérations par des injures, menaces ou voies-de-fait ; ils en informeront l'officier de police de sûreté,
qui décernera le mandat d'arrêt, et
qui fera l'instruction en conformité
des lois.

XV.

Pour assurer la punition des délits
mentionnés aux articles précédens, lesdits commissaires seront tenus d'en dresser procès-verbal, et de le faire passer
sans délai au procureur-syndic ; celui-ci
poursuivra les délinquans par devant
letr ibunal de police correctionnelle,
lorsque l'objet sera de sa compétence,

ou il les dénoncera à l'accusateur public, lorsque les délinquans devront être jugés par les tribunaux criminels.

X V I.

Les procureurs-syndics donneront successivement connaissance, aux procureurs-généraux-syndics des départemens, des procès-verbaux que lesdits commissaires dresseront en exécution de la présente loi, et des jugemens qui seront intervenus dans la huitaine à compter de leur date ; les procureurs-généraux-syndics en donneront connaissance dans le même délai à l'administrateur des domaines-nationaux, qui en rendra compte à la convention nationale, ou au conseil exécutif, si le cas l'exige.

X V I I.

Lesdits commissaires seront tenus de surseoir à toutes adjudications, lorsqu'ils ne pourront faire cesser les troubles dans les lieux de leurs séances; et leurs opérations ne pourront être reprises qu'ensuite d'un arrêté du directoire du district, publié et affiché dans toute son étendue.

X V I I I.

Si les directoires de district ou leurs commissaires ne veillaient pas exactement au maintien de l'ordre et de la tranquillité, et à l'entière liberté des enchères, les directoires de départemens enverront des commissaires; lesquels surveilleront lesdites ventes; ils seront payés et indemnisés aux frais des administrateurs de district.

X I X.

Si ces commissaires ne pouvaient remplir l'objet de leur mission, ou si les directoires de département ne pouvaient s'en procurer, les directoires ordonneront qu'il sera sursis a toute vente de biens nationaux, et ils donneront connaissance de leur arrêté à l'administrateur des domaines - nationaux.

X X.

Le conseil-exécutif pourra, sur le compte qui lui en sera rendu par cet administrateur, et d'après son avis, ordonner par une proclamation, que la vente des immeubles sera faite dans le chef-lieu de district le plus voisin, ou au directoire du département, et prendre les autres mesures de répression qu'il jugera convenables, à la charge d'en informer la convention, et d'en donner connaissance à l'administrateur des domaines nationaux.

X X I.

Il est espressément défendu à toutes les communes ou municipalités d'acheter aucun immeuble sans y avoir été préalablement autorisés par un décret de la convention, sous peine

de nullité de la vente et d'une amende
égale au tiers du prix d'adjudication
contre les officiers municipaux qui
auraient concouru a l'acquisition. Il
leur est défendu de faire de pareilles
acquisitions sous des noms empruntés,
sous les mêmes peines.

X X I I.

Seront réputés conventions frau‑
duleuses, et punies comme telles,
les associations de tous ou de partie
considérable des habitans d'une com‑
mune, pour acheter les biens mis en
vente, et en faire ensuite la répartition
ou division entre lesdits habitans.

X X I I I.

Les communes qui se seront per‑
mis de former de pareilles coalitions
avant la promulgation de cette loi,
éviteront les peines qu'elles ont encou‑
rues, à la charge par elles de déclarer,
dans la quinzaine qui suivra cette pro‑

mulgation , qu'elles renoncent aux ventes qui leur ont été faites; en ce cas, elles s'adresseront à l'administrateur des domaines nationaux, par l'intermédiaire des directoires de district et des départemens, pour obtenir le remboursement des sommes qu'elles auront payées.

X X I V.

Cette déclaration sera faite dans une déclaration du conseil-général de la commune, dont extrait sera envoyé, dans le même délai, au directoire de district qui aura fait procéder aux ventes.

DÉCRET *pour la conservation des monumens nationaux*

Du 6 juin 1793 (v. st.)

La convention nationale , ouï le rapport de son comité d'instruction publique, décrète la peine de deux

ans de fers, contre quiconque dégra-
dera les monumens des arts dépendans
des propriétés nationales.

---

*DÉCRET relatif au paiement du
traitement des greffiers de police
correctionnelle.*

Du 9 juin 1793 (v. st.).

La convention nationale , sur le
rapport fait au nom des comités de
législation et des finances réunis, décrète que le traitement assigné aux
greffiers de police correctionnelle par
l'article 44 de la loi du 14 juillet
1791 , doit être payé sur le produit
des sous additionnels imposés sur
chaque district , pour les frais de l'administration de la justice.

DÉCRET portant que les juges opineront à haute voix et en public.

Du 26 juin 1793, (v. st.)

La convention nationale décrète qu'à compter du jour de la promulgation du présent décret, les juges des tribunaux civils et criminels, seront tenus d'opiner à haute voix, en public.

D. qui oblige les marchands d'armes à en faire déclaration à leur municipalité.

Du 6 juillet 1793 , (v. st.)

ARTICLE PREMIER.

Il est défendu, sous peine de dix ans de fers et de confiscation des armes, à tout fabricant, fourbisseur ou marchand d'armes, d'en vendre, délivrer

ou envoyer, sans en avoir préalable-
menr fait la déclaration à la municipalité du lieu de sa résidence.

I I.

Il est également défendu à-toutes
autorités constituées, sous peine de
destitution, de laisser passer des armes,
de telle es pèce qu'elles soient, destinées aux départemens dont les administrations se sont déclarées en état de
révolte contre la représentation nationale.

D. relatif aux droits de propriété des auteurs sur leurs ouvrages.

Du 19 juillet 1793 (v. st.)

ARTICLE PREMIER.

Les auteurs d'écrits en tout genre,
les compositeurs de musique, les
peintres et dessinateurs qui feront
graver des tableaux ou dessins, joui-

ront, durant leur vie entière, du droit exclusif de vendre, faire vendre, distribuer leurs ouvrages dans le territoire de la république ; et d'en céder la propriété en tout ou en partie.

I I.

Leurs héritiers ou cessionnaires jouiront du même droit durant l'espace de dix ans après la mort des auteurs.

I I I.

Les officiers-de-paix seront tenus de faire confisquer à la réquisition et au profit des auteurs, compositeurs, peintres ou dessinateurs et autres, leurs héritiers ou cessionaires, tous les exemplaires des éditions imprimées ou gravées sans la permission formelle et par écrit des auteurs.

I V.

Tout contrefacteur sera tenu de payer au véritable propriétaire une somme équivalente au prix de trois mille

mille exemplaires de l'édition originale.

V.

Tout débitant d'édition contrefaite, s'il n'est pas reconnu contrefacteur, sera tenu de payer au véritable propriétaire une somme équivalente au prix de cinq cents exemplaires de l'édition originale.

V I.

Tout citoyen qui mettra au jour un ouvrage, soit de littérature, soit de gravure, dans quelque genre que ce soit, sera obligé d'en déposer deux exemplaires à la bibliothèque nationale ou au cabinet des estampes de la république, dont il recevra un reçu signé par le bibliothécaire, faute de quoi il ne pourra être admis eu justice pour la poursuite des contrefacteurs.

V I I.

Les héritiers de l'auteur d'un ouvrage de littérature ou de gravure ou de toute autre production de l'esprit ou de génie qui appartienne aux beaux arts, en auront la propriété exclusive pendant dix annéess

D. sur les cloches des ci-devant paroisses.

Du 23 juillet 1793 (v. st.)

La convention nationale décrète qu'il ne sera laissé qu'une seule cloche dans chaque paroisse; que toutes les autres seront mises à la disposition du conseil-exécutif, qui sera tenu de les faire parvenir aux fonderies les plus voisines dans le délai d'un mois, pour y être fondues en canons.

D. contre les accaparemens.

Du 26 juillet 1793 (v. st.)

ARTICLE PREMIER.

L'accaparement est un crime capital,

I I.

Sont déclarés coupables d'accaparement ceux qui dérobent à la circulation des marchandises ou denrées de première nécessité, qu'ils achètent et tiennent enfermées dans un lieu quelconque, sans les mettre en vente journellement et publiquement.

III.

Sont également déclarés accapareurs ceux qui font périr ou laissent périr volontairement les denrées et marchandises de première nécessité.

IV.

Les denrées et marchandses de première nécessité sont le pain, la viande, le vin, les grains, farines, légumes, fruits, le beurre, le vinaigre, le cidre, l'eau-de-vie, le charbon, le suif, le bois, l'huile, la soude, le savon, le sel, les viandes et poissons secs, fumés, salés ou marinés, le miel, le sucre, le chanvre, le papier, les laines ouvrées et non ouvrées, les cuirs, le fer et l'acier, le cuivre, les draps, la toile, et généralement toutes les étoffes, ainsi que les matières premières qui servent à leur fabrication, les soieries exceptées.

V.

Pendant les huit jours qui suivront la proclamation de la présente loi, ceux qui tiennent en dépôt, dans quelque lieu que ce soit de la république, quelques-unes des marchandises ou denrées désignées dans l'aticle précédent, seront tenus d'en faire la déclaration à la municipalité ou section dans laquelle sera situé le dépôt desdites denrées ou marchandises. La municipalité ou section en fera vérifier l'existence, ainsi que la nature et la quantité des objets qui y sont contenus, par un commissaire qu'elle nommera à cet effet, les municipalités ou sections étant autorisées à lui attribuer une indemnité relative aux opérations

dont il sera chargé, laquelle indemnité sera fixée par une délibération
prise dans une assemblée générale de
la municipalité ou section.

V I.

La vérification étant finie, le propriétaire des denrées ou marchandises
déclarera au commissaire, sur l'inter-
pellation qui lui en sera faite et con-
signée par écrit, s'il veut mettre lesdites denrées ou marchandises en vente
à petits lots et à tout venant, trois jours
au plus tard après sa déclaration. S'il
y consent, la vente sera effectuée de
cette manière, sans interruption et sans
délai, sous l'inspection du commissaire
nommé par la municipalité ou section,

V I I.

Si le propriétaire ne veut ou ne peut
pas effectuer ladite vente, il sera tenu
de remettre à la municipalité ou section
copie des factures ou marchés relatifs

aux marchandises vérifiées existant dans le dépôt. La municipalité ou section lui en passera reconnaissance, et chargera de suite un commissaire d'en opérer la vente suivant le mode ci-dessus indiqué, en fixant les prix de manière que le propriétaire obtienne, s'il est possible, un bénéfice commercial d'après les factures communiquées; cependant, si le haut prix des factures rendait ce bénéfice impossible, la vente n'en aurait pas moins lieu sans interruption, au prix courant desdites marchandises; elle aurait aussi lieu de la même manière, si le propriétaire ne pouvait livrer aucune facture. Les sommes résultant du produit de cette vente, lui seront remises dès qu'elle sera terminée, les frais qu'elle aura occasionnés étant préalablement retenus sur ledit produit.

V I I I.

Huit jours après la publication et

proclamation de la présente loi, ceux qui n'auront pas fait les déclarations qu'elle prescrit, seront réputés accapa‑reurs, et comme tels, punis de mort; leurs biens seront confisqués, et les denrées ou marchandises qui en feront parties, seront mises en vente, ainsi qu'il est indiqué dans les articles précédens.

I X.

Seront punis de mort également ceux qui seront convaincus d'avoir fait de fausses déclarations, ou de s'être prêtés à des suppositions de nom de personnes ou de propriétés, relati‑vement aux entrepôts et marchan‑dises. Les fonctionnaires publics, ainsi que les commissaires nommés pour suivre les ventes, qui seraient con‑vaincus d'avoir abusé de leurs fonctions pour favoriser les accapareurs, seront punis de mort.

X.

Les négocians qui tiennent des marchandises en gros, sous cordes, en balle ou en tonneau, et les marchands débitans en détail, connus pour avoir des magasins, boutiques ou entrepôts ouverts aux acheteurs, seront tenus, huit jours après la publication de la présente loi, de mettre à l'extérieur de chacun de ces magasins, entrepôts ou boutiques, une inscription qui annonce la nature et la quantité des marchandises et des denrées de première nécessité qui pourraient y être déposées, ainsi que le nom du propriétaire, faute de quoi ils seront réputés accapareurs. Les fabricans seront obligés, sous la même peine, de déclarer la nature et la quantité des matières premières qu'ils ont dans leurs ateliers, et d'en justifier l'emploi.

X L.

Les fournisseurs des armées, autres que les négocians et marchands cités dans l'article précédent, produiront à leurs municipalités ou sections, extrait des marchés qu'ils ont passés avec la république : ils indiqueront les achats qu'ils ont faits en conséquence, ainsi que les magasins ou entrepôts qu'ils auraient établis. S'il était prouvé que lesdits entrepôts ou magasins ne sont pas nécessités par la teneur des marchés, et que les denrées ou marchandises de première nécessité qui y sont déposées ne sont pas destinées aux armées, ceux qui auraient établi ces magasins ou dépôts, seraient traités comme accapareurs.

X I I.

Tout citoyen qui dénoncera des accaparemens, ou des contraventions quelconques à la présente loi, aura le tiers

L 5.

du produit des marchandises et denrées sujettes à confiscation; un autre tiers sera distribué aux citoyens indigens de la municipalité dans l'enceinte de laquelle se trouveront les objets dénoncés; le dernier tiers appartiendra à la république.

Celui qui dénoncera des marchandises ou denrées détruites volontairement, recevra une gratification proportionnée à la gravité de la dénonciation.

Le produit de toutes les autres marchandises ou denrées confisquées en vertu de la présente loi, sera partagé par moitié, entre les citoyens indigens de la municipalité qui aura procédé auxdites confiscations, et la république.

X I I I.

Les jugemens rendus par les tribunaux criminels en vertu de la présente loi, ne seront pas sujets à l'appel. Un décret particulier de la convention nationale ou du corps législatif, annoncera l'époque où cette loi cessera d'être en vigueur.

XIV.

Dès que la présente loi sera parvenue aux autorités constituées, elles en ordonneront la lecture dans leur séance publique, et la feront afficher et proclamer au son de la caisse, afin que personne ne puisse en prétexter l'ignorance.

D. concernant les armoiries.

Du premier août 1792 (v. st.)

La convention nationale décrète que, dans huitaine, à compter de la publication du présent décret, toutes les maisons, édifices, parcs, jardins, enclos, qui porteraient des armoiries, seront confisqués au profit de la nation.

L. 6

D. portant des peines contre ceux qui refuseraient des assignats-monnaie, ou les donneraient ou recevraient à perte.

Du premier août 1793 (v. st.)

La convention nationale décrète ce qui suit :

Tout Français convaincu d'avoir refusé en paiement des assignats - monnaie, de les avoir donnés ou reçus à une perte quelconque, sera condamné, pour la première fois, en une amende de trois mille livres, et six mois de détention; en cas de récidive, l'amende sera double, et il sera condamné à vingt ans de fers.

D. contre les étrangers.

Du premier août 1793 (v. st.)

La convention nationale décrète que les étrangers des pays avec lesquels la république est en guerre, et non domiciliés en France avant le 14 juillet 1789 seront mis sur-le-champ en état d'arrestation, et le scellé apposé sur leurs papiers, caisses et effets; charge la commission des six de lui présenter demain un projet de loi sur les étrangers en général.

D. *portant que chaque commune a le droit d'établir des marchés.*

Du 14 août 1793 (v. st.)

La convention nationale, sur la pétition de la commune de Vicq, département du Cantal, relative à l'établissement des foires et des marchés, décrète qu'elle passe à l'ordre du jour, motivé sur ce qu'il est libre à chaque commune d'établir telles foires et marchés que bon lui semble, et sans être assujettie à aucune homologation ou approbation des corps administratifs.

D. *concernant les spectacles.*

Du 14 août 1793 (v. st.)

La convention nationale, sur la proposition d'un membre , décrète que les conseils des communes sont autorisés a diriger les spectacles , et y faire représenter les pièces les plus propres à former l'esprit public et développer l'énergie républicaine.

D. qui prohibe la sortie des denrées déclarées de premiere nécessité.

Du 15 août 1793 (v. st.)

ARTICLE PREMIER.

Le pain, le biscuit, toute espèce de viande, de poissons, de fruits, de cidre, de vin, eau-de-vie, vinaigre, huile, sel, miel, sucre, savon, soude, charbon de terre, l'acier non ouvré ou simplement fondu, le papier, les draps, étoffes et bonneterie, autres que de soye; ne pourront à compter de la publication du présent décret, sortir, tant par terre que par mer, de l'étendue de la république.

I I.

Les gardes nationaux , la gendarmerie, les troupes de lignes et tous les fonctionnaires publics peuvent arrêter, saisir les denrées et marchandises, entrant dans le territoire de la république, ou en sortant, en contravention aux lois des douanes, à la charge de transporter les objets saisis directement et sur-le-champ au plus prochain bureau desdites douanes, sauf à faire le rapport de la saisie, conformement à l'article 20 du titre 10 de la loi du 22 août 1791. La confiscation des marchandises ainsi saisie, sera poursuivie à la requête des régisseurs des douanes, avec amende, qui dans tous les cas de prohibition, même dans celui de l'entrepôt des matières, propres à la fabrication du papier, sera de cinq cent livres, conformément à l'article premier de ladite loi.

I I I.

La disposition de l'art. 23 du titre

ro de la loi ci-dessus citée, relative
aux objets de prohibition à l'entrée,
sera exécutée pour ceux dont la sortie
est défendue. En conséquence dans le
cas où, à raison d'un vice de formes,
il y aurait lieu d'annuller un procès-
verbal partout saisie d'objets prohibés
à la sortie, il est enjoint au commissaire national, d'en requérir sur-le-
champ la confiscation, laquelle sera
prononcée à la même audience, sans
amende.

I V.

Tous jugemens rendus sur des saisies,
faites pour fraude en contravention,
quelque soit la valeur des objets saisis,
seront soumis à l'appel ; quant à ceux
partout confiscation de marchandises
ou denrées prohibées à l'entrée ou à la
sortie, l'appel devra être interjetté dans
le mois de la signification desdits jugemens, et mis en état d'être jugé dans
le mois suivant. Le délai pour appeller

où celui pour faire prononcer sur l'appel étant expiré, la condamnation sera réputée définitive. L'amende et le prix des effets consignés seront répartis entre les préposés de la régie et autres saisissans, à la déduction d'un sixième réservé à la nation pour subvenir aux frais de procédure.

D. qui ordonne la confection d'états de population dans chaque commune.

Du 20 août 1793 (v. st.)

Le conseil-général de chaque commune de la république, dressera dans le plus bref délai, un état de sa population effective, avec mention du nombre des citoyens ayant droit de voter; les citoyens qui sont aux armées, y seront compris quoique absens.

Article 10 du titre 10 de la loi du 22 août 1791, rappellé dans le décret ci-dessus.

Lorsque les saisies seront faites par les gardes nationales, troupes de ligne, ou gendarmerie nationale, sans le concours des préposés de la régie, les marchandises seront transportées au plus prochain bureau, où il en sera fait description par les préposés dudit bureau, et ceux qui auront fait la saisie se rendront devant l'un des juges du tribunal du district avec la partie saisie, où elle interpellée ; ils demanderont au juge acte de leur rapport qui sera rédigé par lui ou par le greffier du tribunal, et ensuite affirmé par les saisissans. A défaut de tribunal de district dans le lieu, le rapport et l'affirmation se feront devant le *juge-de-paix*, ou à défaut, devant l'un des officiers municipaux dudit lieu.

D. concernant les Espagnols.

Du 26 août 1793 (v. st.)

ARTICLE PREMIER.

Le ministre de l'intérieur rendra compte des mesures qu'il a prises pour l'exécution du décret du 16 de ce mois, concernant les séquestre mis sur les biens des Espagnols, situés ou déposés en France.

II.

Tous dépositaires de biens appartenans aux espagnols ou aux domiciliés en Espagne, de quelque nature qu'ils soient, et sous quelque forme qu'ils soient représentés, seront tenus d'en faire leur déclaration à la municipalité du lieu de leur résidence, dans les vingt-quatre heures après la publication de la présente loi, sous peine d'une amende égale à la valeur du dépôt qu'ils auraient caché.

I I I.

Ces dépositaires demeureront séquestrés de ces biens, jusqu'à ce qu'il en soit autrement ordonné.

D. sur les théâtres.

Du premier septembre 1793 (v. st.)

ARTICLE PREMIER.

La convention nationale rapporte la loi du 30 août 1792, relative aux ouvrages dramatiques.

I I.

Les loix des 13 janvier et 19 juillet 1791 et 1793, leur sont appliqués dans toutes leurs dispositions.

I I I.

La police des spectacles continuera d'appartenir exclusivement aux municipalités. Les entrepreneurs ou associés seront tenus d'avoir un registre dans lequel ils inscriront et feront viser par l'officier de police de service, à chaque représentation, les pièces qui seront jouées, pour constater le nombre des représentations de chacune.

D. pour la destruction des portraits et effigies des ci-devant rois.

Du 2 septembre 1793 (v. st.)

La convention nationale décrète qu'à l'exemple de ce qui s'est passé dans la journée du 10 août, dans la ville de Bar-sur-Ornin, tous les corps administratifs et toutes les municipalités de la république, seront tenus de détruire et livrer aux flammes les portraits et effigies des rois qui peuvent se trouver dans le local de leurs établissemens; de faire fondre les bustes et statues, représentant aussi les rois, de quelque métal qu'ils soient, et de faire briser ceux qui sont en pierre, marbre, plâtre ou autres matériaux.

D. qui fixe l'indemnité des membres des comités de surveillance.

Du 5 septembre 1793 (v. st.)

ARTICLE PREMIER.

Il sera accordé une indemnité de trois livres par jour aux membres des comités de salut public.

II.

Les fonds nécessaires à cette indemnité seront fournis par une contribution établie sur les riches.

D. relatif aux personnes prévenues d'avoir fait commerce d'assignats.

Du 5 septembre 1793 (v. st.)

ARTICLE PREMIER.

Les municipalités, les juges-de-paix, les officiers de police et de gendarmerie, les commissaires nationaux près les tribunaux de district, les directeurs de jurés et les accusateurs publics près les tribunaux criminels, sont tenus de faire arrêter sur-le-champ toutes personnes prévenues d'avoir vendu ou acheté des assignats, d'avoir arrêté ou proposé des différens prix d'après le payement en numéraire ou en assignats, d'avoir tenu des discours tendant à décréditer les assignats, d'avoir refusé des assignats en payement, de les avoir donnés ou reçus à une perte quelconque.

II.

En cas de négligence, les officiers dénommés dans l'article précédent, seront poursuivis comme complices des prévenus, et punis des mêmes peines.

III.

Les prévenus arrêtés seront traduits sans délai devant le directeur du juré, qui sera tenu de dresser l'acte d'accusation dans les vingt-quatre heures, et de le soumettre au juré d'accusation dans la plus prochaine séance, sans pouvoir en aucun cas le communiquer préalablement au tribunal ; auquel effet il est dérogé aux articles VI et XIII du titre Ier. de la deuxième partie de la loi sur les jurés.

I V.

En cas de conviction d'aucun des délits énoncés en l'article premier, les prévenus seront condamnés aux peines portées par les loix des 8 et 11 avril, et premier août dernier ; et s'ils sont convaincus de les avoir commis dans l'intention de favoriser les entreprises des ennemis de la république, ils seront punis de mort avec confiscation de tous leurs biens.

V.

Les citoyens qui dénonceront les délits énoncés dans les articles premier et deux ci-dessus, recevront, après la condamnation des prévenus, une

gratification

gratification de cent livres par chaque condamné. Cette gratification leur sera payée par le receveur de district sur les certificats du président du tribunal criminel, visés *et* ordonnancés par le directoire du département.

D. contenant diverses mesures de surveillance relative aux militaires sans fonctions.

Du 5 Septembre 1793, (vieux style.)

ARTICLE PREMIER.

Tout militaire démissionnaire, destitué, suspendu, ou qui n'a pas de lettres de service, autre que ceux qui sont en état d'arrestation ; tout officier d'administration civile ou militaire, de terre ou de mer, également destitué ou suspendu, ou qui n'a pas de lettre de service, sera tenu, dans vingt-quatre heures, de se retirer dans sa municipalité, en prenant un passeport du mi-

Tome I. Iere. Partie.　　M

nistre de la guerre ou de la marine, sous peine de dix ans de fers.

I I,

Toute personne désignée dans l'article premier, et qui appartiendrait à une municipalité qui ne serait pas à vingt lieues des frontières, sera tenue de prendre un domicile à cette distance, pour y être mise en surveillance par la municipalité du lieu qu'elle nara choisi.

I I I,

Ceux qui sont compris dans les articles I et II seront tenus d'avertir les ministres de la guerre et de la marine du lieu de la résidence qu'ils auront choisi.

I V.

Tout militaire en activité de service, ou tout ordonnateur civil ou militaire, deterre ou de mer, sera tenu de sortir de Paris dans vingt-quatre heures, pour retourner à son poste, sous peine de destitution et d'être mis en état d'arrestation comme personne suspecte, àmoins qu'il ne soit spécialement autorisé par les ministres de la guerre ou de la marine, à prolonger son séjour à Paris.

V.

Les personnes désignées dans l'art. III ne pourront se rendre à Paris que sur l'ordre ou la permission expresse du ministre de la guerre ou de la marine.

V I.

Ceux mis en état de surveillance ne pourront s'absenter pour vingt-quatre heures, sans la permission de la municipalité : le passeport fera mention de l'état de surveillance dans lequel ils seront.

V I I.

Sont exceptés des précédens articles

ceux qui auraient quitté le service pour blessures constatées.

VIII.

Toute personne qui aurait été dans les ci-devant maisons militaires de Louis Capet ou de ses frères, ou qui aurait été dans la garde décrétée par l'assemblée législative pour le ci-devant roi, sera assujettie aux dispositions de l'article premier du présent décret.

IX.

Les membres composant les corps administratifs et les municipalités, sont personnellement responsables de l'exécution du présent décret.

X.

Le ministre de la guerre sera tenu de faire partir, dans vingt-quatre heures, tous les militaires qui se trouvent, soit à Paris soit ailleurs, pour leur faire rejoindre leurs drapeaux, à l'exception seulement de ceux qui sont blessés ou malades.

XI.

Toutes personnes qui logent des militaires, sont tenues de le déclarer au comité de salut public de leurs sections, ou à leurs municipalités, sous peine d'être rangées dans la classe des gens suspects, et d'être punies comme tels.

Article additionnel.

Du 6 Septembre 1793.

Les militaires suspendus de leurs fonctions, qui sont tenus de quitter la ville de Paris, en exécution du décret d'hier, ne pourront rentrer dans leurs municipalités, qu'autant qu'elles se trouveront éloignées au moins de vingt lieues des armées de la république ou des frontières.

Autres articles additionnels.

Du 11 Septembre 1793.

ARTICLE PREMIER.

Sont compris dans l'article premier du décret du 5 de ce mois, tous militaires démissionnaires depuis le 14 juillet 1789.

II.

Tout officier qui, après s'être retiré conformément à la loi du 5 septembre, reviendrait à Paris, sera puni de la même peine de dix ans de fers.

III.

Il est défendu à tout officier qui, en vertu du même décret, se retirera de Paris, d'en approcher plus près de vingt lieues.

IV.

Aucun officier ne pourra éluder la disposition de la présente loi, en alléguant qu'il est né ou domicilié â Paris;

il sera tenu de choisir un domicile au moins à vingt lieues de Paris, des frontières et des armées.

Articles d'exceptions.

Du 20 septembre 1793 (v. st.)

La convention nationale décrète que les dispositions des décrets des 5 et 11 de ce mois relatifs aux militaires qui sont à Paris, ne concernent pas ceux qui y ont leur domicile depuis l'année 1789, et qui pourront en justifier par leur inscription sur les rôles de la contribution mobiliaire, et prouver leur résidence sans interruption par les certificats des sections sur lesquelles ils ont résidé.

Autres articles d'exceptions.

Du 15 vendémiaire, an 2.

ARTICLE PREMIER.

Ceux qui servaient en qualité de sous-officiers et soldats dans les gardes-

M 4

françaises, dans les grenadiers à cheval et des gendarmes de Lunéville, et qui sont employés dans les armées de la république, ne sont pas compris dans les dispositions de la loi du 5 septembre dernier, à moins qu'ils n'ayent donné des preuves d'incivisme.

I I.

Les généraux en chef sont chargés, sur leur responsabilité personnelle, de faire rappeler à leur poste les soldats et sous-officiers qui servaient dans les gardes-françaises, les grenadiers à cheval et les gendarmes de Lunéville, et qui en ont été éloignés par une fausse application de la loi du 5 septembre dernier.

I I I.

L'état-major de l'armée du Rhin enverra à la convention nationale, les motifs pour lesquels il a appliqué à ces soldats et sous-officiers le décret du 5 septembre.

D. concernant les étrangers.

Du 6 septembre 1793 (v. st.)

ARTICLE PREMIER.

Les étrangers nés sur le territoire des puissances avec lesquelles la république française est en guerre, seront mis en état d'arrestation dans des maisons de sûreté, jusqu'à ce que, par l'assemblée nationale, il en soit autrement ordonné.

I I.

Sont exceptés de cette disposition, les artistes, les ouvriers et tous ceux qui sont employés dans des ateliers ou manufactures, à la charge par eux de se faire attester par deux citoyens de leur commune, d'un patriotisme connu.

I I I.

Sont également exceptés ceux qui, n'étant ni ouvriers ni artistes, ont depuis leur séjour en France, donné

M 5

des preuves de civisme et d'attache-
ment à la révolution française.

I V.

Pour prouver leurs principes, les
étrangers seront tenus, dans la huitaine qui suivra la publication de la
présente loi, de se rendre à l'assemblée
du conseil-général de la commune ou
de la section dans l'étendue de laquelle
ils demeurent, et de présenter, savoir,
les artistes et ouvriers, les deux citoyens
qui doivent les attester ; et les autres,
les pièces ou les preuves justificatives
de leur civisme.

V.

Tout citoyen aura droit d'opposer
contre les uns ou les autres, les faits
parvenus à sa connaissance, qui éle-
veraient quelques soupçons sur la pu-
reté de leurs principes ; et si ces faits
se trouvent réels et constatent contre

eux de justes causes de suspicion, ils seront mis en état d'arrestation.

V I.

Si leur civisme est reconnu, les officiers municipaux ou de la section leur déclareront que la république française les admet au bienfait de l'hospitalité ; leurs noms seront inscrits sur la liste des étrangers, qui sera affichée dans la salle des séances de la maison commune, et il leur sera délivré un certificat d'hospitalité.

V I I.

Ils ne pourront sortir ou se transporter nulle part sans être munis de leur certificat, qu'ils seront tenus de produire toutes les fois qu'ils en seront requis par les autorités constituées ; et ceux qui enfreindront cette diposition seront mis en état d'arrestation comme suspects.

M 6

VIII.

La même peine aura lieu contre ceux qui ont exercé l'agiotage, ou qui vivent de leurs rentes, sans industrie ou propriétés connues.

IX.

Ceux qui seront convaincus d'espionnage, ou d'avoir ménagé des intelligences, soit avec les puissances étrangères; soit avec des émigrés ou tous autres ennemis de la France, seront punis de mort, et leurs biens déclarés appartenir à la république.

X.

Ceux qui, après la huitaine de la publication de la présente loi, ne se seront pas présentés devant leur municipalité ou section, pour obtenir leur certificat d'hospitalité, seront punis de dix années de fers, à moins qu'ils ne justifient qu'ils en ont été empêchés pour cause de maladie ou d'absence.

X I.

Ceux qui seront découverts sous un déguisement ou travestissement quelconque, ou qui se seront supposés d'une nation différente de celle sur le territoire de laquelle ils sont nés, seront punis de mort.

X I I.

Les étrangers nés dans les pays avec lesquels la république est en guerre, qui entreraient en France après la publication de la présente loi, seront déclarés conspirateurs, et comme tels, punis de mort.

X I I I.

Les enfans des étrangers qui ont été envoyés en France pour leur éducation, auront la liberté d'y rester, pourvu que les personnes chez qui ils demeurent, répondent de leur civisme.

X I V.

Dans le cas où, après seize ans révolus, ils ne seraient attestés par aucun citoyen d'un civisme connu, il leur sera délivré un certificat sur lequel leur itinéraire sera tracé jusqu'à la frontière ; et ils seront tenus de sortir de la république dans le délai de quinzaine au plus tard.

X V.

Quant aux étrangers nés chez les puissances avec lesquelles la république française n'est point en guerre, ils seront assujettis, pour constater leur civisme, aux mêmes formalités que les précédens ; et dans le cas où le certificat d'hospitalité leur serait refusé, ils seront également tenus de sortir du territoire de la république dans le délai ci-dessus fixé. En conséquence la convention nationale rapporte son décret du .... en faveur des étrangers déserteurs.

X V I.

Il est enjoint aux autorités constituées

de tenir strictement la main à l'exécution de la présente loi, à peine de répondre personnellement des événemens.

D. qui défend d'arrêter aucun fonctionnaire public, sans l'autorisation du comité de sûreté générale.

Du 9 Septembre 1793 (v. st.)

La convention nationale, sur la proposition d'un membre, décrète qu'aucun fonctionnaire public ne pourra être mis en état d'arrestation par ordre des autorités chargées de veiller à la sûreté publique dans la commune de Paris, qu'après en avoir prévenu le comité de sûreté générale, qui prendra les mesures nécessaires pour que le service public ne soit point interrompu.

D. contenant diverses mesures de police relatives aux grains, denrées et subsistances.

Du 11 septembre. 1793. (v. st.)

SECTION PREMIÈRE.

Déclaration et recensement des grains.

ARTICLE PREMIER.

Immédiatement après la publication du présent décret, tout cultivateur ou propriétaire sera tenu de faire, à la municipalité du lieu où ses grains sont situés, la déclaration de la quantité et de la nature des grains qu'il a récoltés, et séparément de ceux qui peuvent lui être restés de la récolte des années précédentes ; les directoires de district nommeront des commissaires pour surveiller l'exécution de cette mesure dans les municipalités.

II.

Tous cultivateurs ou dépositaires de

grains ou de farines seront pareillement tenus de faire, à leur municipalité, la déclaration de la quantité et de la nature des grains et farines qu'ils possèdent; et cette déclaration sera insérée séparément dans les tableaux indiqués ci-après.

III.

Dans les huit jours qui suivront la promulgation de la loi, les municipalités enverront au directoire de leur district un tableau des grains et farines déclarés; les directoires de district en feront passer, dans la huitaine suivante, le résultat au directoire de leur département, qui en dressera un tableau général, et le transmettra, aussi dans la huitaine suivante, au ministre de l'intérieur, qui en fera passer un *duplicata* à la convention nationale.

IV.

Les officiers municipaux seront tenus

de faire des visites domiciliaires chez les citoyens possesseurs de grains et farines, qui n'auraient pas fait la déclaration prescrite par les articles premier et 2, ou qui seraient soupçonné d'en avoir fait de fausses.

V.

Ceux qui n'auront pas fait leur déclaration dans le terme de huit jours, ou qui en auraient fait de frauduleuses, seront punis par la confiscation des grains et farines non-déclarés. Le produit de cette confiscation appartiendra à la commune; et dans le cas où il y aurait un dénonciateur, il aura droit à la moitié de la valeur.

V I.

Les municipalités qui n'auront pas fourni, dans le délai prescrit, la déclaration demandée, ou qui auront négligé de faire des visites domiciliaires pour vérifier les déclarations, paieront une amende à raison de cent livres par chaque officier municipal, et le double pour le procureur de la commune. Les officiers municipaux et le procureur de la commune seront solidairement responsables.

VII.

Les directoires de districts qui n'auront pas poursuivi les municipalités en retard, dans le délai de la huitaine suivante, paieront une amende double de celle que chaque municipalité en retard aurait encourue.

VIII.

Les districts qui, dans le même délai, n'auront pas envoyé leurs états au département, supporteront une amende de cent livres par chaque membre du directoire, et le double pour le procureur-syndic. Ces amendes seront solidaires.

I X.

Les départemens qui auront négligé d'envoyer ces états, dans le même délai, au ministre de l'intérieur, paieront une amende de deux cents livres, par chaque membre du directoire de ces départemens, et le procureur général-syndic en paiera le double. Ces amendes seront pareillement solidaires.

X.

Le terme proposé pour l'exécution de la loi étant expiré, le ministre en rendra compte à la convention nationale; et s'il existe, dans le tableau général qu'il lui en remettra, des cas d'amendes encourues aux termes de la loi par quelques administrations, la convention décrétera qu'il y a lieu à application de la loi, et le receveur du district des lieux poursuivra le recouvrement de ces amendes de la même manière que celui des deniers, publics, sur tous les membres des corps administratifs délinquans.

SECTION II.

Approvisionnemens des marchés.

ARTICLE PREMIER.

Il ne pourra être vendu de grains et farines ailleurs que dans les marchés publics.

II.

Quiconque sera convaincu d'avoir vendu ailleurs que dans les marchés sera puni par la confiscation des grains, qu'il aura vendus, et par une amende double du prix de leur valeur. Cette amende sera payée, moitié par le vendeur et moitié par l'acheteur, au profit de la commune. Ils y seront contraints solidairement et par corps, comme pour délit national.

III.

S'il existe un dénonciateur, la valeur

de l'objet confisqué lui appartiendra, ainsi que la moitié de l'amende; l'autre moitié, au profit de la commune sur l'arrondissement de laquelle les grains auront été arrêtés.

I V.

La confiscation et l'amende seront prononcées par le *juge-de-paix* du canton, et ce dans les vingt-quatre heures, et sans appel, d'après les preuves écrites ou testimoniales qui lui seront fournies; et le receveur du district acquittera par avance le montant de la partie de l'amende due au dénonciateur, sur la présentation qu'il pourra faire de la sentence, sauf son recours contre le délinquant.

V.

Les propriétaires des grains et farines ne pourront se dispenser, sous prétexte du récensement, d'apporter leurs grains et farines aux marches, ni de satisfaire aux réquisitions qui pourraient leur être faites par les corps administratifs. Ils seront seulement tenus de prendre, dans leur municipalité, un acquit-à-caution qui constatera la nature et la quantité de grains qu'ils livreront. Cet acquit-à-caution, visé par la municipalité du lieu où le grain aura été transporté, leur servira de décharge dans l'opération du recensement.

V I.

Les propriétaires des grains ou farines qui ne prendront point d'acquit-à-caution, outre la confiscation des voitures, chevaux, grains ou farines, qu'ils auront encourue, seront condamnés en mille livres d'amende, payable par corps, (comme délit national), applicable moitié au dénonciateur, moitié à la commune du lieu où les grains et farines auront été arrêtés. Si c'est le conducteur lui-même qui dénonce, les chevaux, voitures, et grains, farines et amende lui seront entièrement adjugés.

V I I.

Aucun acquit-à-caution ne pourra être délivré, à moins que celui qui le demande ne présente un citoyen bien connu, domicilié dans l'étendue du district, qui se soumettra au paiement de la valeur des grains ou farines exportés, si la rentrée de l'acquit-à-caution, duement acquitté, n'a pas lieu dans le délai prescrit et énoncé sur l'acquit.

V I I I.

Si le demandant acquit-à-caution ne peut fournir caution, il sera tenu de consigner aux mains du receveur du district, si c'est un chef-lieu de district, ou à la municipalité, qui en demeurera responsable, une somme pareille à la valeur des grains ou farines exportés

exportés. Cette somme lui sera rendue en rapportant l'acquit déchargé, ou en justifiant de causes valables ou jugées légitimes, que les grains ou farines n'ont pu parvenir à leur destination.

I X.

Si l'acquit-à-caution n'est pas déchargé et remis à la municipalité qui l'aura délivré, deux mois après l'expiration du terme fixé, les sommes déposées seront acquises au profit de la commune d'où seront partis les grains ou farines, et par elle employées à une distribution gratuite de pain, en faveur des citoyens nécessiteux qu'elle renferme.

X.

Les acquits-à-caution seront imprimés, écrits en toutes lettres, et conformes au modèle qui se trouve en fin de la présente loi.

X I.

Pourront les manouvrier s habitans des campagnes où il n'y a point de marchés, s'approvisionner pour un mois au plus, chez les cultivateurs ou propriétaires de grains de leur commune, moyennant un bon de leur municipalité, et dont elle tiendra registre. Ce certificat restera entre les mains du vendeur, pour le représenter au besoin. Les autres consommateurs s'approvisionneront aux marchés les plus voisins.

X I I.

Les blatiers, ou débitans de grains en détail, seront tenus de faire à leur municipalité la déclaration de l'état qu'ils exercent; il leur en sera délivré un extrait en forme, qu'ils seront obligés d'exhiber dans tous les lieux où ils feront leurs achats ou ventes, et il sera constaté par les officiers mu-

nicipaux de ces endroits la quantité et
nature de grains qu'ils auront achetés
et vendus.

XIII.

Les blatiers ou débitans de grains
et farines en détail, ne pourront acheter
que sur les marchés publics existans
avant 1790, et aux heures indiquées
par les règlemens de police.

XIV.

A compter du jour de la publication du présent décret, il est défendu
à tout meûnier, sous peine de dix
années de fers, de faire aucun commerce de grains ou farines.

XV.

A compter dudit jour, les meûniers,
dans toute l'étendue de la république,
seront payés en monnaie courante, et
le *maximum* du prix en sera fixé par

N 3

les administrations des départemens,
d'après l'avis des districts ou municipalités où sont situés les moulins.

X V I.

Tous les meûniers sont à la réquisition du ministre de l'intérieur et des
administrations, pour le service public;
ceux qui quitteraient leurs moulins
avant d'en avoir prévenu la municipalité du lieu de leur domicile, trois
mois d'avance, ou qui refuseraient de
moudre ou d'obéir aux réquisitions qui
leur en seraient faites, seront condamnés, et par corps, en une amende
de trois mille livres, au profit des
citoyens indigens de la commune.

X V I I.

Les municipalités des lieux où se
tiennent les marchés, veilleront au
maintien de l'ordre, et à ce qu'il y

soit exercé une bonne police; elles
tiendront des registres des achats et
ventes qui auront été faits dans chaque marché, et de leur destination.
L'état des acquits-à-caution qui auront
été délivrés, y sera inséré, ainsi que
les noms des vendeurs et acheteurs;
et elles enverront l'état au district,
celui-ci au département, lequel enverra
le relevé général au ministre de l'intérieure chaque mois.

X V I I I.

Les corps administratifs et les municipalités sont autorisés, chacun dans
leurs arrondissemens, à requérir tout
cultivateur, propriétaire de grains ou
farines, d'en apporter aux marchés la
quantité nécessaire pour le tenir suffisamment approvisionné.

X I X.

Ils pourront aussi requérir des ouvriers pour faire battre les grains en gerbes : dans le cas de refus de la part des fermiers ou propriétaires, les batteurs seront payés à leurs dépens.

X X.

Les directoires de département feront parvenir leurs réquisitions aux directoires de district, et ceux-ci aux municipalités, qui seront tenues d'y déférer sans délai.

X X I.

Nul ne pourra se refuser d'exécuter les réquisitions qui lui seront adressées, à peine de confiscation des grains ou farines excédant les besoins de sa maison jusqu'à la récolte prochaine, et la semence des terres qu'il fait valoir.

X X I I.

Le ministre de l'intérieur sera tenu d'adresser aux départemens dans lesquels il existera un excédent de subsistances, les réquisitions nécessaires pour approvisionner les départemens et districts qui se trouveraient n'en avoir pas une quantité suffisante, en consultant les rapprochemens.

XXIII.

Toutes commissions pour achats de grains, fourrages, subsistances, émanées des ministres de la guerre et de la marine, des administrations des subsistances pour les armées, pour la marine et autres approvisionnemens publics, même celles données pour les approvisionnemens d'une seule commune, ou d'un particulier, sont annullées, ainsi que tous les marchés et arrhemens passés, soit en vertu de ces commissions, ou entre particuliers. Les représentans du peuple auprès des armées sont spécialement chargés de faire les réquisitions nécessaires pour l'approvision-

nement des armées et des places frontières ; et ils feront passer un *duplicata*
de leurs réquisitions au ministre de
l'intérieur.

X X I V.

Tant que la guerre durera, la ville
de Paris sera approvisionnée de la même
manière que les armées de la république
et les places de guerre, mais à ses frais.
La municipalité se concertera avec le
ministre de l'intérieur, qui sera tenu
de faire les réquisitions nécessaires, et
demeurera responsable de leur exécution. Les districts du bourg de l'Egalité
et de Saint-Denis seront approvisionnés
de la même manière. La faculté accordée par l'art. 6 de cette section n'aura
pas lieu dans l'étendue du département
de Paris.

X X V.

Les boulangers de Paris qui voudront
quitter l'exercice de leur profession, ne

pourront le faire qu'en prévenant la municipalité trois mois d'avance, à peine de deux mille livres d'amende.

XXVI.

Le ministre de l'intérieur pourra, s'il le juge indispensable, pour les approvisionnemens de Paris, accorder un délai pour l'arrivage des grains et farines commissionnées antérieurement au présent décret : ce délai ne pourra s'étendre au-delà du terme de huit jours, à compter de la publication de la loi.

XXVII.

Au moyen de ce que la ville et le département de Paris seront fournis par voie de réquisition comme les armées, les boulangers de Paris et des communes, composant ce département, ne pourront acheter des grains ou farines dans aucun marché, à peine de trois mille liv. d'amende, payable par corps.

N 5.

X X V I I I.

Le ministre de l'intérieur sera tenu de fournir , tous les quinze jours, à la convention nationale, le tableau énonciatif des départemens où il a fait ses réquisitions. La quantité et espèce des grains et farines y sera exprimée, ainsi que la destination qu'il aura donnée à chacun d'eux.

X X I X.

Les armées de terre et de mer, les villes et ports en état de guerre ou réputés tels, étant approvisionnés par la voie de réquisition, il ne pourra être délivré aucune commisssion pour acheter des grains ou farines à qui que ce soit. Toutes personnes qui s'en prétendraient revétúes, seront mises en état d'arrestation , et condamnées en dix mille livres d'amende, payables par corps, solidairement avec les autorités constituées qui leur auraient délivré des brevets de commission.

SECTION III.

Fixation du maximum *des prix, pour les grains, farines et fourages, dans toute l'étendue de la république.*

ARTICLE PREMIER.

Le prix du quintal, poids de marc, de bled froment, premiere qualité, ne pourra excéder 14 livres.

II.

Le prix du quintal, poids de marc de la plus belle farine de froment, ne pourra excéder 20 livres.

III.

Le prix du quintal, poids de marc de bled méteil, première qualité, composé de moitié froment et moitié seigle, ne pourra excéder 12 livres.

IV.

Le prix du quintal, poids de marc,

N 6

de seigle, première qualité, ne pourra excéder 10 livres.

V.

Le prix du quintal, poids de marc, de l'orge, paumelle, baillarge, première qualité, ne pourra excéder 9 livres.

V I.

Le prix du quintal, poids de marc, de bled de turquie, d'espagne, ou maïs, première qualité, ne pourra excéder 8 livres.

V I I.

Le prix du quintal, poid de marc, du sarrasin ou bled noir, première qualité, ne pourra excéder 7 livres.

V I I I.

Le prix du quintal, poids de marc, de l'avoine, première qualité, ne pourra excéder 14 livres.

I X.

Le prix du quintal, poids de marc,

du son, ne pourra excéder 7 livres.

X.

Le prix du quintal, poids de marc, du foin et sainfoin, première qualité, ne pourra excéder 6 livres.

X I.

Le prix du quintal, poids de marc, de luzernes et autres fourrages de prés artificiels, première qualité, ne pourra excéder 5 livres.

X I I.

Le prix du quintal, poids de marc, de paille de froment, ne pourra excéder 3 livres.

X I I I.

Les municipalités des lieux où il existe un marché public pour les grains ou farines, seront tenus, sous la surveillance des districts, de faire dresser, d'après la taxe du *maximum* ci-dessus fixé, un tableau comparatif du poids de chaque espèce de grains ou farines, avec les mesures d'usages dans l'étendue de leurs arrondissemens.

Ce tableau sera imprimé et affiché par-tout où besoin sera.

X I V.

Indépendamment du prix ci-dessus fixé, il sera ajouté les prix de transport de chaque espèce de grains et fourrages, à compter du lieu du marché où ils auront été achetés, jusqu'à celui de leur destination.

X V.

Le *maximum* du prix de la voiture pour le transport par terre des bleds, farines, et toutes espèces de grains et fourrages achetés sur les marchés pour l'approvisionnement d'un canton ou d'un département, ou achetés chez les propriétaires, par voie de réquisition, pour ce qui sera destiné aux armées où villes en état de guerre, ne pourra

excéder cinq sols par quintal pour cha-
lieue de poste pour les grandes routes , et six sols pour les routes de
traverse. Tous rouliers, blatiers, voituriers, qui refuseraient de se conformer
à ce prix, pourront être mis en état
de réquisition.

XVI.

Le prix des transports par eau n'étant
pas fixé, aura lieu de gré à gré, sans
que le *maximum*, par quintal, puisse
excéder deux sols en descendant, et
trois sols en remontant, et n'entrera en
addition aux prix des grains et fourrages, que pour la réalité de ce qui
en aura été payé, à peine de mille liv.
d'amende contre les vendeurs et acheteurs, dont moitié applicable au dénonciateur, et l'autre moitié au profit
de la commune où lesdits bateaux auront été arrêtés.

XVII.

L'indemnité à accorder aux citoyens chargés par les départemens qui seront obligés de s'approvisionner ailleurs que chez eux, ne pourra, en aucun cas, excéder cinq pour cent du *maximum* porté pour le prix principal de chaque espèce de grains dans le présent décret, à peine d'être rejetée du compte, et de dix mille livres d'amende contre l'administration, applicable, moitié au profit du dénonciateur, moitié au profit de la république.

SECTION IV.

Des mesures contre l'exportation.

ARTICLE PREMIER.

Le conseil-exécutif est chargé de prendre toutes les mesures de prudence et de force qui sont en son pouvoir pour faire rentrer sur-le-champ tous les grains, farines et fourrages qui seraient sur les ports et rades maritimes, sur les vaisseaux qui seraient à la planche dans les différens ports ou rades, de les faire débarquer et rentrer au moins à six lieues de distance dans l'intérieur.

I I.

Il ne pourra plus exister des magasins ou dépôts de grains ou de farines dans les ports, rades et villes frontières de la république, et ils ne pourront être plus près qu'à une distance de six lieues, sans néanmoins que cette disposition puisse préjudicier à l'approvisionnement de nos places frontières et maritimes.

I I I.

Tout navire chargé de grains, farines ou fourrages, sorti des ports de la république sans une permission expresse du conseil-exécutif, l'acquit à caution et l'autorisation de la municipalité du lieu du départ, sera de bonne prise par-tout où il sera rencontré; et dans le cas où l'équipage le ramènerait dans un des ports de la république, le prix de la cargaison et du navire sera distribué aux gens de l'équipage, et le capitaine sera puni par dix ans de fers.

I V.

Les acquits-à-caution ne pourront être délivrés par les municipalités des villes et ports maritimes qu'en, vertu d'ordres du conseil-exécutif. Ces ordres porteront les mêmes numéros que les acquits-à-caution y correspondans, et les municipalités seront tenues, après en avoir fait afficher les copies, de les garder, pour les représenter en original toutes les fois que le corps législatif l'exigera.

V.

La municipalité qui sera convaincue d'avoir délivré des acquits-à-caution sans cette autorisation, sera censée, par cette négligence coupable, avoir donné lieu à l'exportation à l'étranger des grains ou farines; et les membres composant cette municipalité qui auront signé l'acquit-à-caution, seront condamnés, solidairement et par corps, en une amende de cinquante mille livres au profit de la république, et en dix mille livres d'indemnité en faveur du dénonciateur.

V I.

Les mêmes mesures prescrites par la présente loi, pour s'opposer aux exportations le long des côtes de la république, auront lieu sur toutes nos frontières de terre. Les autorités constituées, civiles et militaires, emploieront tous les moyens de surveillance et de force qui sont en leur pouvoir pour empêcher l'écoulement de nos grains et fourrages dans l'étranger; et leur négligence sera punie des mêmes peines que celles prononcées dans l'article précédent.

V I I.

Tous les grains arrêtés en contravention au présent décret, seront confisqués et vendus, ainsi que les chevaux, voitures et équipages sur lesquels ils seraient chargés, moitié au profit de la commune du lieu de l'arrestation; les conducteurs seront en outre condamnés à six ans de fers, et s'ils sont eux mêmes dénonciateurs, ils auront à leur profit le prix de tous les objets confisqués.

V I I I.

Toute administration de district et de département qui aurait en sa possession des dépôts de grains et de farines, est obligée, quelle que soit leur destination, d'en faire sa déclaration au ministre de l'intérieur et de la faire afficher, à peine de cinquante mille livres d'amende, payable solidairement et par corps, comme délit national.

I X.

Les administrateurs des vivres et subsistances des armées de terre et de mer, seront obligés, dans trois semaines, de faire la declaration, signée d'eux, des quantités et espèces de grains, farines et fourrages qui existent actuellement dans les magasins de la république, à leurs ministres respectifs, et ceux-ci en feront passer un *duplicata*, certifié véritable, au ministre de l'intérieur, qui le représentera à la convention nationale quand elle l'exigera.

X.

Les administrateurs ci-dessus désignés qui n'auraient pas fait lesdites déclarations dans l'espace de trois semaines, à partir de la publication du présent décret, seront condamnés à dix mille livres par tête, solidairement et par corps, applicable au dénonciateur.

X I.

Dans le cas où ces déclarations seraient infidèles ou frauduleuses, ils seront condamnés à payer la valeur des grains ou fourrages qu'ils n'auront pas déclarés, et en vingt mille livres d'amende payable par corps, et applicable au dénonciateur.

Le présent décret sera envoyé dans le jour au ministre de l'intérieur, qui le fera parvenir sur-le-champ aux départemens par des couriers extraordinaires.

Modèle d'acquit-à-caution pour la circulation des grains, farines et fourrages.

Département d
District de
Canton de
Municipalité de

RÉPUBLIQUE FRANÇAISE,

Au nom de la loi.

Les corps administratifs et municipaux, et les gardes nationales de la république sont requis de laisser passer librement, même de donner sûreté, protection et force à la voiture du citoyen . . . . . .

Nota Ces lignes doivent contenir les noms, prénoms, profession et domicile. } . . . .
. . . .
. . . .

chargé de   quintaux de   provenant de . .

(Ces lignes doivent indiquer si le grain provient de la récolte du laboureur, ou s'il provient d'un grenier particulier ou grenier approvisionné par la voie de réquisition.) } . . . .
. . . .
. . . .
. . . .

coûtant   le quintal, poids de marc, qu'il a déclaré vouloir conduire à municipalité de   district de   département d   ; et pour sûreté de la sincérité de sa déclaration, il nous a présenté la personne de . . . .

(Ces lignes contiendront les noms, prénoms et lieu du domicile du soumissionnaire.) } . . . .
. . . .
. . . .

citoyen, habitant bien connu de ce canton ou district, lequel a fait dans nos mains sa soumission de rapporter, dans le délai de . . . . (*les municipalités régleront le délai en proportion de l'éloignement*) au dos du présent cert tificat des maire et officiers municipaux des lieux de la destination, qui atteste l'arrivée desdites marchandises, à peine d'être poursuivis et punis conformément à l'article 9 de la seconde section de la loi du 11 septembre 1793.

Fait au bureau municipal de   le   179 , l'an de la république française, une et indivisible.

Modèle de certificat à mettre au dos des acquits-à-caution.

Nous, maire et officiers municipaux de la commune de   district de   , département de   certifions que la quantité de quintaux de, mentionnée en l'acquit-à-caution de l'autre part, est arrivée à sa destination; en foi de quoi nous avons signé le présent, pour décharge,

Fait à   le

(Mettre ici le cachet de la municipalité.) Les maire et officiers municipaux de la commune de

Fin de la I.re Partie du Tome I.er.

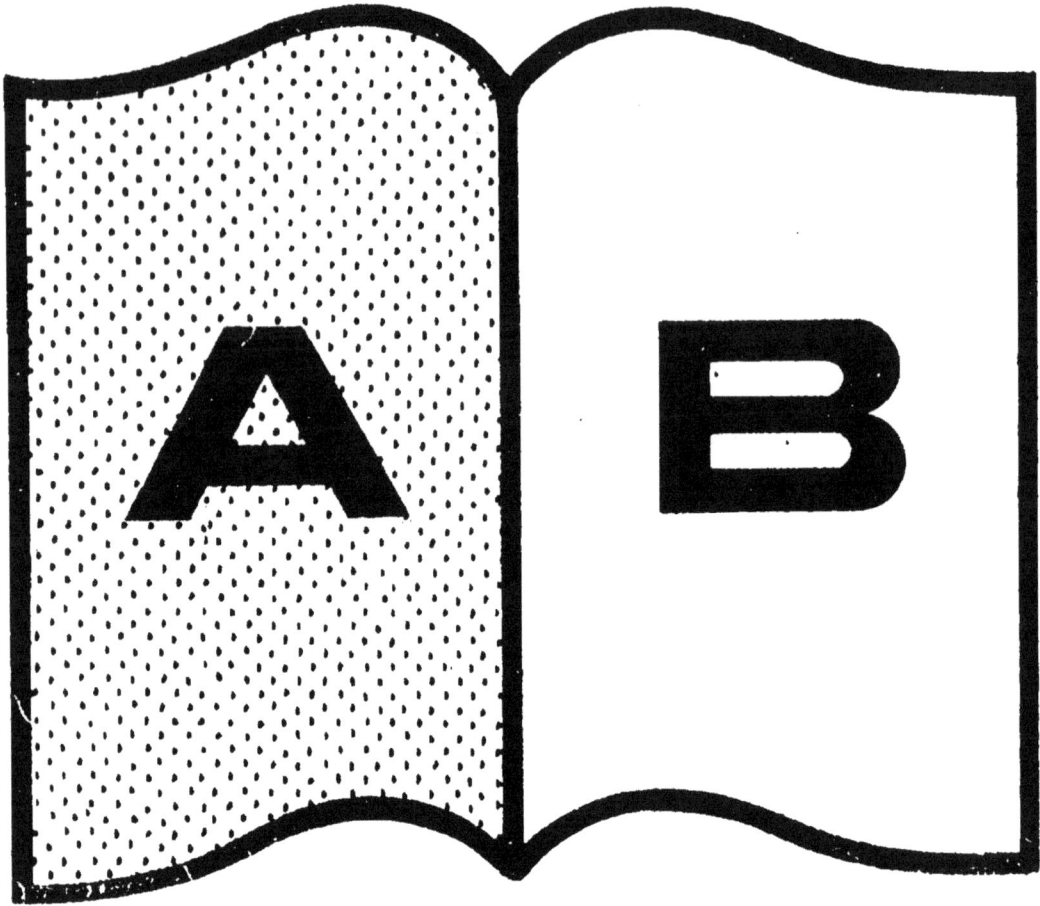

Contraste insuffisant

NF Z 43-120-14

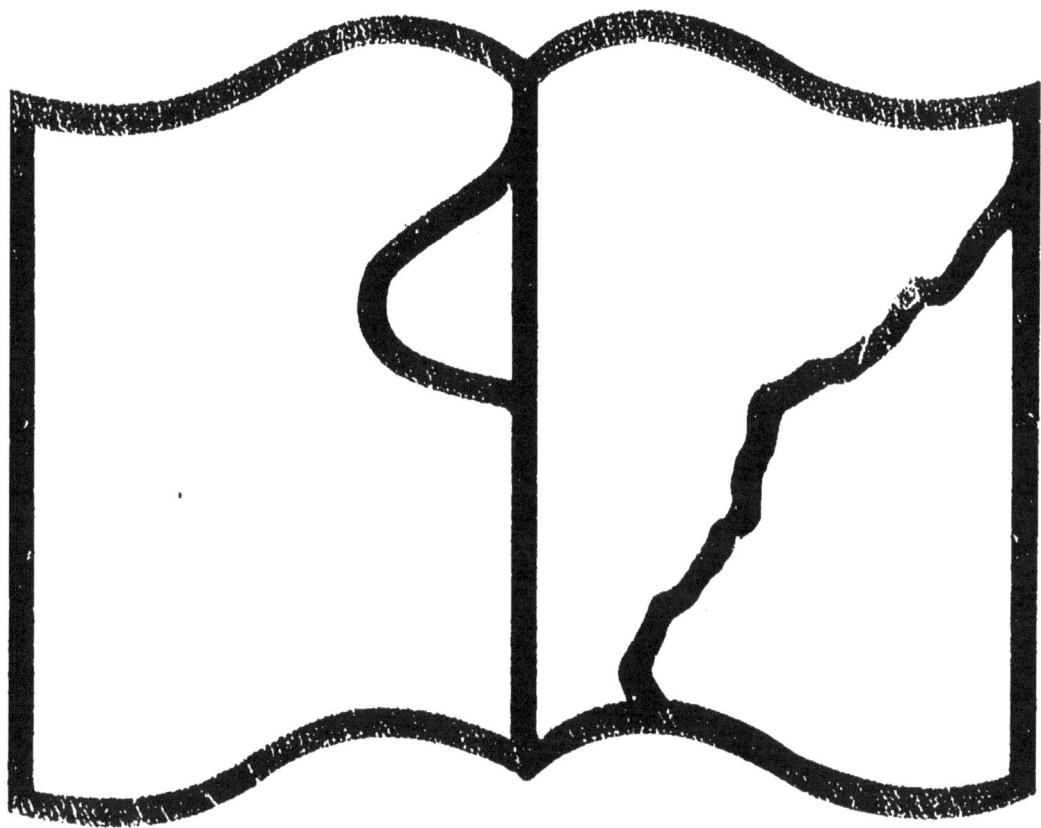

Texte détérioré — reliure défectueuse

NF Z 43-120 11

www.ingramcontent.com/pod-product-compliance
Lightning Source LLC
Chambersburg PA
CBHW060120200326
41518CB00008B/877